被逼到躺平的我，
難道從此就這樣了嗎？

朴庭漢 박정한、李相穆 이상목、李洙昌 이수창／著
莊曼淳／譯

不盲目樂觀、不放大絕望，
韓國N拋世代青年與你一同拆解無力感，
找到度過一天的力量

方舟文化

我們總是只出一張嘴。

就算有想達成的目標，

也只會嘴上嚷著：「要去做！會去做！」

然後失望地看著不能自行實踐的自己，

等待，或許有一天……

序言

一本獻給「嘴砲們」的書

二十歲，是人生中最美好的時期。不，更準確來說，是一切都**看起來**很美好的時候。

解開大學入學考試的腳鐐，我的世界終於來了！現在我再也不是家裡的寵兒，而是需要為自己的選擇負起責任的成人。好像不管什麼都做得到的自信在心中不停沸騰的同時，也保留著一塵不染的純真。跟朋友們一起喝酒、一起盡情享受旅行，創造耀眼的人生吧！

然而，好像只存在快樂的二十幾歲，到最後卻變成了永遠充滿鄉愁的手帕。仔細回想，也不知道是怎麼度過的。在校園裡的生活不是為了自己，而是為了累積資歷以活下去。幾經周折後，如果得以順利就業，那就謝天謝地了。不管是成為私奴還是官奴，這段成為「奴隸」的過程都很不容易。找到工作後，苦難就結束了嗎？為了讓小巧可愛的薪水不斷進入自己的口袋，就算骯髒也得忍受的事情可不只一、兩樁。就這樣四處打滾，等到清醒了才發現，原來自己的精神已經變得跟貓舌餅一樣薄了——「啪嚓」！

事情是發生在我身體感到特別疲憊的某一天。聽說人如果覺得太累，便會做一些平常不會做的事。那天不知道為什麼，我不由自主地邁步走向了書店。書本散發的淡雅香氣和擴香劑的味道混在一起，若有似無地飄入我的鼻腔中。正當我覺得心情被轉換的剎那，由某位大學名校教授執筆的一本「美化青春痛苦」的書籍吸引了我的目光。

看著那本書，我心想：「是否也能用『青春』一詞來撫慰我的痛苦呢？」

原本是被「暢銷書」的頭銜勾起了興趣，但正要伸手拿起那本書時，我突然冒出了一個疑問——從名門大學畢業，平順踏上菁英之路……這樣的人真的了解青春的痛苦嗎？

於是我把拿在手中的書重新放了回去。

我想要聽聽更平凡的人們身上所發生的故事。找著找著，終於遇到了一本可以治癒心靈的書。這本「療癒」書籍彷彿直接觀察了我「再怎麼努力也不會改變」的人生，把我埋藏在心中的話都如實地寫了出來。我帶著愉快的心情閱讀著這本書，作者溫柔地細語道：「如果累了，休息片刻再重新出發也無妨。」感覺就好像遇到了終於可以理解自己受傷心靈的靈魂伴侶，我便這樣沉醉在療癒書籍裡度過了好一陣子。

然而，療癒書籍的甜美越濃烈，越讓我覺得現實生活更加地痛苦，甚至迎來了漫長的宿醉。就這樣，在經歷漫長宿醉的折磨後，我終於意識到了閱讀著療癒書籍，拒絕面對現實的自己——只顧著呢喃溫暖話語的那本書，無法對我的人生負責。

現在你手上的這本書，也無法對誰的人生負責，不過我們有自信，這會是給認為日常生活很辛苦的人們，一本值得一讀的書。我們到底是誰？怎麼能夠如此地有自信？

我們在同一個公寓社區出生、成長，並且就讀同一所小學、國中。這樣長大的我們，雖然成長環境相似，但是在經歷大學入學考試，又過了十年的現在，我們的樣貌變得有些不同——三十歲前就在首爾大學完成學士、碩士、博士課程，並成為研究員的阿穆；考進公營企業，得到一份安定工作的阿漢；以非正職員工的身分工作，後來因為合約到期，正在找新工作的待業人士阿昌。乍看之下，我們好像過著相差甚遠的生活。

但是走在青春之路上，我們三人的煩惱是相似的。阿穆踏實地走在菁英的道路上，看起來好像不會有什麼煩惱，不過因為受到往後出路與眼前研究實績的壓迫，每天早上要離開被窩時都非常費力；阿漢害怕自己過著彷彿跑滾輪的生活，最後陷入一成不變的模式，再也無法擁有新的夢想；阿昌的煩惱最痛苦，因為他是連下個月的房租和生活費都有問題的待業人士。

難道沒有順利的人生嗎？

菁英研究員、公營事業員工、待業人士，要說不同也真的太不一樣了。不管是誰看了，都會覺得我們三個過著截然不同的人生。如此的我們，各自背負的煩惱種類與規模也有很大的差異嗎？並非如此。

結果問題都出在——大家**只出一張嘴**。就算有想要達成的目標，也只會嘴上嚷著：「要去做！會去做！」然後失望地看著不能自主實踐的自己，無法感到幸福。

在這本書中，沒有作者們各自提供的強大衝擊感。但是大韓民國二、三十歲年輕人的多元樣貌，作者三人都多少擁有一些。我們從對自己的觀察開始，努力站在多元視角看待身邊同齡人，甚至青年們的煩惱。以在酒桌上發的牢騷為起點，具體地整理出我們為什麼會有這種煩惱，以及正在用什麼方法掙扎。

由於這本書的主題中用了「嘴砲」這個詞，我們想要先重新整理「嘴砲」的概念。接下來我們將以「嘴砲」稱呼那些只會嘴上說說，卻無法實踐的人。各位也是那種類型的人嗎？這樣的話，我們大家都是嘴砲。我們不是為了給予各位的心靈什麼安慰才寫了這本書，我們是苦惱著，想要提供各位更實質的幫助——難道沒有一起擺脫「嘴砲」的方法嗎？

首先，我們在〈嘴砲大百科〉中，想要將身邊嘴砲們的現實呈現出來。無法將意志實踐成行動的，不只我們，這是萬人的課題和煩惱。我們要對後來才在這本書中發現自身故事的友人們，表達些許的歉意。

在〈嘴砲養成所〉中，針對「哪樣的社會環境讓我們變成只剩一張嘴，無法付諸實踐」，我們依照自己的方式分析了原因。另外，在第三個章節〈嘴砲啊，抬起頭吧！〉中，我們將對那些在克服這個艱難世界的過程中，不得已變成「嘴砲」的夥伴們灌輸一些勇氣。

在〈擺脫嘴砲大作戰〉中，為了和各位一起擺脫「嘴砲」，我們將分享自己使用過的方法。這個章節是以同為「嘴砲」，經歷過同病相憐之痛的作者們所使用過，並感受到實效的方法為主，加以編寫而成的。

各位現在擁有的煩惱，不是只有你才碰到的問題。透過這本書，我們想說的是，擁有和各位類似煩惱的人，在這個世界上至少有三個。同時也期待著各位讀者能觀察我們是如何接受並試圖解決那些煩惱，然後產生共鳴；接著獲得擺脫「嘴砲」的力量，得到新的刺激。甚至，我們希望這本書能夠在各位尋找解決方法時，提供一絲線索。

願各位成功擺脫「嘴砲」　全體作者

目次

Level 2

嘴砲養成所

就算是溫室裡的蜥蜴，每一隻也都長著不一樣的花紋
——覺醒吧！獨一無二的你！

Level 3

嘴砲啊，抬起頭吧！

奔跑途中受傷，是人生的家常便飯。用浪漫藉口遮掩、拖延治療，
傷口只會惡化——休息，就是休息。

Level 4

嘴砲逃脫大作戰

沒有熱情的目標，就像風中殘燭，很快會熄滅
——我們需要一堵不讓它熄滅的防風牆。

Level 1

嘴砲大百科

世界上存在著各式各樣的嘴砲

在應該要燦爛綻放的二、三十歲，
我們卻放任精神勝利這隻害蟲一點一點蠶食自己——
我們所有人都是「嘴砲」。

專業精神勝利者

阿德里亞諾已經連續準備考試第四年了。四年間不斷地挑戰考試，我朋友這種毅力和意志，不是很值得為他鼓掌喝采嗎？我覺得挑戰競爭激烈的九級公務員考試的朋友非常帥氣。

第一次開始準備的時候，阿德里亞諾充滿了熱情。他說一天中，除了睡覺的八個小時，其他時間都要用在讀書上。不對，人還是要吃飯、小憩，也得洗澡、排泄，所以充其量會有十四小時用在讀書上。

阿德里亞諾以堅定的意志，向父母與朋友表明了自己的覺悟後，住進了首爾的考試村。還留下了一句「等他考上後領了薪水，會請我們吃一頓大餐，所以這段時間就算聯絡不上，也請我們多多理解擔待」的話。

隔年，阿德里亞諾回到了故鄉。從許久未見的阿德里亞諾口中聽到的話，讓人非常震驚。

「哇！考試村那裡真的是一團糟。大家都在K書中心佔了位子之後，就跑去網咖混日子或喝酒玩樂！那個地方只適合玩樂，周圍根本不是可以讀書的環境。不過王牌講師們的課真的很讚。雖然沒能吃到杯飯的確有點可惜，不過之後我打算在家裡用線上課程準備考試。」

怎麼可能？這麼說，在鷺梁津「努力讀書通過考試的考生們，原來是戰勝了那麼多的誘惑啊！公務員果然不是平白就能成為清廉的代名詞。

回到故鄉後，阿德里亞諾就算是跟我見面的時候，只要一有空檔，也會認真看起課程影片。不過，也「只是」認真看著課程影片。一開始，我對他完全不做筆記這件事感到有些詫異，不過在他去年購入的平板電腦上，安裝有筆記應用程式，所以我也見怪不怪了。畢竟最近的筆記應用程式本來就設計得還不錯。這果然很符合手機智人的作風，現在連讀書也要很「智慧」地積極運用手機和平板電腦。

不過從某個瞬間開始，阿德里亞諾的手機不再播放課程影片了，他反而開始看一些我知道的人，不但有知名直播主，還出現了一些演員的影片。阿德里亞諾說，那是去年知道的直播主，最近人氣很高。因為直播主的一句話和舉手投足，常常讓他噗哧笑出聲、心情愉悅，有時他還會送那位直播主星星、氣球。然後，不知從何時開始，他竟然改看網飛了，現在他總是把昨天自己又看了什麼看到睡著掛在嘴邊。這傢伙在鷺梁津過著怎樣的生活，不用想也一清二楚了。

阿德里亞諾的落榜消息，就如同年度活動一樣傳來。這不是當然的嗎？表面上為了公務員考試準備了超過三年的人，其實在鷺梁津沉迷了娛樂場所一年，後來迷上了 YouTube 一年，又迷上了網飛一年。

是因為和我的樣子重疊了嗎？我勸他不要再浪費時間，不自覺地對阿德里亞諾發火。阿德里亞諾也大聲反駁，說他只有在跟我見面時才這樣，在家裡的時候，可

1 編註：位於韓國首爾的鷺梁津洞，因補習街而聞名。

是非常認真聽課的。

應該是吧？應該很認真看吧？不過，問題就出在「只用眼睛看」。

如果有讀者對這則故事產生共鳴，請思考看看吧！不要用暫時打開的課程影片，過度包裝自己的努力。實際讀書的時間就算用寬鬆的標準計算，也不過是洋芋片包裝裡裝的餅乾數量而已。再如何毫無意義地播放著課程影片，剩下的也只有把「課程收看達成率」衝到百分之百的那段過度包裝的記憶。每年撕開包裝時，只會留下空虛。

每個人當然都有想要達成的目標，真的想要達成那個目標嗎？那麼就必須像字面上那樣，要認真「努～～～力」。不過，就算這麼做，也還是不確定能成功。

所以，哪怕是從現在開始也好，必須努力把這段因為沒有意義的事而浪費的時間，變成為了達成目標而踏上的漫長旅程。

沒有信心可以完全投入嗎？覺得自己無法捨棄在線上課程視窗旁，刻意縮小的偶像舞蹈交叉編輯影片，結果讓自己的視線和心思又被吸引嗎？如果是這樣的話，那就果敢放棄吧！

沒有比「精神勝利」還要更有害的敵人了。自我合理化有什麼好處呢？我們擁有的時間有限，在應該要燦爛綻放的二、三十歲時期，難道要放任精神勝利這隻害蟲一點一點蠶食掉自己嗎？

必須盡快把那隻害蟲甩掉才行。我們得承認，自己有比精神勝利更想要達成的事。我們得找出比起跟家裡的喵星人和汪星人玩耍，還要更想做的事情。為了找出就算傾盡一生也不會感到可惜的事，得下一點功夫。

光是找到要傾注自身的努力與熱情的寶物，就不知道要花多少時間了，所以你可能想問我：「這不是也在浪費時間嗎？」

不，在我看來，因為精神勝利而浪費的時間，比這還要可惜數百倍。

為什麼這麼會拖？

韓國人大部分是未來指向者，所有的對話都使用了「Be going to」句型。

「啊，我接下來要戒菸！所以先把這一包抽完。因為是最後的香菸，我要更享受地抽。」

看來這位朋友依舊是愛國者，每天努力向國家繳納約七十五元的稅金。

真是……模範納稅人。

＊　＊　＊

女朋友又發表了減肥宣言。

真讓人不寒而慄。

「我從現在開始要減肥。」

「妳哪裡還有什麼肉可以減？現在的妳最美！」

「不，我的臉胖到看起來就像是快爆炸的氣球。」

「這樣的話，我們要不要每天一起去慢跑？」

「啊！不管啦！壓力好大。我明天開始就要減肥了，你知道就好。最後的晚餐，炸雞吃一波！」

跟她交往以來，這是我聽過的第四十八次減肥決心，而我們從來沒有花時間慢跑。

＊＊＊

只要到了考試期間，一切都會變有趣。平常為什麼沒有感覺到這些瑣碎日常的趣味呢？

「從三十分開始，就得坐在書桌前。」我如此下定決心。

「三十三分？已經過了三分鐘了？」這種時候，我的選擇性強迫症就會發作。

「沒錯，原本設定三十分開始就有點模稜兩可。好，從整點開始讀書吧！我要趕快把剩下的網路漫畫看完，不要留下遺憾。」

就這樣，我看完了整整三部網路漫畫，感到心滿意足。雖然無法完成讀書進度的目標，但是因為追完了三部網路漫畫，我覺得很幸福。接下來，從明天開始，我就可以專心在讀書上了。好吧！今天就當作是休息日吧！「只有我會這樣嗎？」雖然短暫感到不安，不過看了 Instagram 後，發現其他人在考試期間，一切外務似乎也都變得有趣，於是我頓時放心了。

＊＊＊

拖延是種習慣。

早上無法因為一次鬧鐘醒來，而按下「稍後通知」；一直做其他的事，直至期限前一刻才匆匆忙忙完成正事……

這是各位的故事嗎？如果是，我們所有人都是**「嘴砲」**。今天不管是成長或成功，都被我們自己拖延了。再這樣下去，我們的人生說不定只剩下無力和失敗在等待著。如果你在這則故事中，發現了自己的樣貌，承認吧！各位也是「嘴砲」，或是潛在的嘴砲。

有人可能會這樣反駁：「不對，我的朋友之中，也有像我一樣玩樂，但是不管讀書或工作，都很擅長的人耶？」「那麼，能把別人要花一個小時才完成的工作，十分鐘就解決的那位朋友是怎麼回事？」「做任何事情最重要的是效率，我只要想做，也能做得到。我可是臨時抱佛腳的高手呢！」

沒錯，我們身邊偶爾會看到那樣的人。但是，我們不也知道嗎？能辨到的也只有那個人而已，大部分的人都跟那個人不一樣。工作的時候先花十分鐘搞定一切，剩下五十分鐘拿來休息的人；和前面五十分鐘都在玩樂，直到最後十分鐘才氣喘吁吁地處理好工作的我不一樣。

結果，執行力才是問題。也就是說，是「懂得把該做的事情先做好」的執行力有所差異。

曾經多如牛毛的 YOLO 族都跑哪去了？

YOLO！

幾年前，高喊著「YOLO」的生活風格如旋風般引起關注。沒錯，人生只有一次，要享受現在。

「如果現在無法幸福，未來也不會幸福」這句話說不定是對的。反正用這點薪水，想要在首爾購入自己的家，根本是天方夜譚，要是白白努力掙扎，明天卻突然死去，這不是很委屈嗎？

「沒錯，人生無常，今天應該享受的幸福，就不要拖到明天了。」

我也曾被 YOLO 生活風格說服，苦惱著該怎麼讓「現在」立刻變得幸福。

另一方面，YOLO 正在流行之際，精品品牌 Gucci 的設計師換人了。他們甩開了過去Gucci的保守風格，增添了各種色彩。加入蛇與老虎、星星的時尚設計，吸引了人們的目光。再加上那個連平凡上班族都只要稍微勒緊褲腰帶，就能購入的包包價格，讓它看起來比香奈兒或愛馬仕更加合理。

眼前不斷飆高的房價，真讓人覺得好像永遠也買不到一間房子；而且就算想要買車，後續的維持費用也不容小覷。不過，大家似乎都認為Gucci的包包或鞋子好歹可以擁有一件，所以賣場前面總擠滿了購物的人潮。當時，許多人的Instagram上，不難看到這樣的標籤：#Gucci #SWAG #FLEX #YOLO。

這樣的現象好像不會是曇花一現。特別是在從過去就非常重視名分的韓國，「面子文化」依舊非常顯著。必須做遍眾人認為很「潮」的事，那該死的面子才掛得住。為了這「面子」二字，韓國人總是一窩蜂地追求流行的事物。別人買的東西、做的事、吃的食物，都必須跟著買、跟著做、跟著吃。而且，一定要做到引人注目才甘心。

我就讀高中時，有所謂的「羽絨外套排行榜」。每到冬天，同學們都會穿上縫著高價品牌商標的羽絨外套，藉此互相炫耀，就像是孔雀在炫耀著自己身上五彩繽紛的羽毛一樣。同時，也會不動聲色地觀察誰穿了什麼品牌。同學之間分成了穿著知名品牌羽絨外套的小圈圈，以及不穿名牌羽絨外套的族群，在彼此之間瀰漫著不尋常的彆扭。

最近因為社群平臺更加發達，讓我們可以向更多人更仔細、更生動地炫耀「我的東西」。在 Instagram 和 YouTube 上，不斷出現精品鞋開箱、包棟民宿住宿心得。看著朋友們上傳的那些煞有其事的貼文，讓我也覺得自己必須拍一些照片，凸顯自己的存在感。

正好，我有一個之前看中的包包，買了！買下包包後，我馬上在 Instagram 上傳了認證照。當然，購物袋和盒子的照片也不能少。不到幾分鐘，朋友們的留言不停湧入。

現在終於有面子了！這讓人莫名覺得十分心滿意足又幸福。當然，分了十二期買下的這點是秘密。

「現在這個當下，我覺得很幸福。」所以這好像是很好的選擇。這種程度的消費和我的幸福相比，根本是輕而易舉。然而，真的在這之後就幸福了嗎？或者會不會只是因為暫時的刺激和解放、朋友們留下的讚數和幾句羨慕的留言，讓自己誤以為這就是幸福了？

突然，曼徹斯特聯足球俱樂部的傳奇教練——佛格森爵士的名言給了我一記當頭棒喝。

「社群平臺是在浪費人生。」

僅僅為了「有面子」，消耗的可不只是金錢。在我們耗費時間與努力，浪費了人生之後，剩下的是什麼呢？

另一方面，在這個世界上，還有一群「其他類型的 YOLO 族」。

就是所謂的自我啟發型 YOLO 族。

平常想要學習樂器卻猶豫不決的人，搭上了這股 YOLO 的風潮……沒錯！就下定決心不再繼續拖延，放手去學習一直想學的樂器，於是開始練爵士鼓當成興趣。最近還乾脆開設了 YouTube 頻道，上傳自己練習打鼓的影片，甚至迷上得到他人回饋的趣味。為了打得更好，讓自己不會在上傳影片之後，因表現不足而有所遺憾，只要一有空檔，總是不會忘記練習。

另一個想要學習皮拉提斯的朋友則果敢地買下了一年的課程券。雖然費用很可觀，不過為了幸福，她下了很大的決心，要把這筆錢好好投資在自己身上。就這樣過了一年、兩年，現在這位朋友甚至已經取得了皮拉提斯講師執照，過起了嶄新的人生。

批判 YOLO 的人往往會這麼說：「這樣下去的話，以後要是生病或發生需要用到一大筆錢的事情時，該怎麼辦？為了安定的未來，就算現在犧牲一點，也要好好做準備才是。」

這是非常可能會有的擔憂，也是非常有道理的話。但是，我不是以「為了當下衝動的快樂而活！」這種意義來描述 YOLO，而是在探討真正為了自己而做的 YOLO 是什麼？

買到想買的東西時感受到的情緒，有很高的機率只是瞬間的愉悅。為了滿足剎那刺激而消費之後，拿著變薄的錢包，難道不會開始節省起當下必須支出的其他花費嗎？結果為了剎那的幸福，反而讓自己有好一陣子，必須走上離幸福越來越遠的道路。

在享受購物 YOLO 生活的時候，我周邊開始出現一、兩個所謂「人生勝利組」的朋友。有在大企業步步高升，成為最年輕科長的朋友；也有些朋友成為了新創企業的老闆。在我還在償還名牌包包的分期卡債時，還聽到了一個存下很多錢的朋友的消息。

那些朋友也不曾對我不好，但是我不知道自己為什麼會覺得如此不痛快。是我的生活方式錯了嗎？然而不管我再怎麼反省思考，在這個無法預知未來的世界裡，「現在最重要」這句話好像都並沒有說錯。所以，我們不能夠說 YOLO 絕對是錯的。

難道成功的人就只會犧牲現在嗎？不，其實他們也過著自己獨有的 YOLO 生活。只不過，他們擁有夢想，而且為了那個夢想，他們選擇了一一達成目標的「其他意義的幸福」。這點和我不同。

沒錯。**只有一次的人生，為了自己的目標努力生活**，才是真正的ＹＯＬＯ。

妄想一次搞定的人們！你們真的覺得能成功嗎？

我的朋友康泰和「奢侈」兩個字八竿子打不著關係，他非常習慣節約的生活。其他朋友們無不口沫橫飛地勸說康泰，要他懂得投資自己，就算這麼努力存錢，終究還是無法在首爾買下一間房子；拿著快爛掉的錢包，賺到的錢很快就會跑掉，到手的福氣也轉眼就會流失——大家都勸他換一個好一點的錢包。

某天，康泰邀請大家參加他的新居喬遷宴。他在新都市租了一間全租房[2]。「我還在每個月付租金租房子耶……」我感到有點羨慕，於是，便轉念以「反正大家都無法在首爾買房」的想法安慰自己。

2 譯註：韓國特有的租賃方式。僅需支付房東一筆押金及每月的管理費，無須另外支付租金。

儘管如此，心裡總還是覺得跟朋友們被拉開差距，因而感到不是滋味，想想這也是無可奈何的。

然後，我認識了最近因為股市而嘗到甜頭的博格巴。他說，最近正值牛市，只要咬住一支生物股，就有可能實現財富自由。雖然不太懂他在說什麼，但是聽朋友說，透過股市，可能很快就能買下一間屬於自己的家，所以我也冒出了「試試看」的想法。

博格巴幫我挑了幾支不錯的股票。因為被他的一句「下週肯定會漲停板」蠱惑，我把所有的積蓄通通投了進去。想起之前看中的那支，決定賺了錢一定要買下的新款手錶，心中不禁一陣激動。

星期一早上九點一開市，我帶著自信，以漲停板價格下了單。然而，直到交易結束，我下的單一直都沒有成立，簡直是得不償失，我的錢直接飛了。抱著多少撈回一點的心情，我進行了悲情的拋售。可惡，房租？我現在可能要去住考試院[3]了。

是股票不太適合我嗎？

這樣的話，樂透如何呢？最近幾天，我的夢中總是閃現一些數字。我再次拿出在半夢半醒之際，拚命記下的數字。如果中了樂透頭獎，就能先在首爾買一間房子，然後還可以久違地對父母盡點孝道！到時候要給父母多少錢呢？光是想像，就覺得很高興。

星期六晚上九點……

「1、4、5、10、21、27……。」

感覺很不錯，好像都是在我的樂透彩券上看過的數字。

我順了順呼吸，接著拿出手機，掃描了QR Code，確認是否中獎。唉，浪費了可以吃一碗湯飯的錢。

為了縮短和努力賺錢的朋友們之間的差距而感到焦躁的心，反而讓我比起付出

3 譯註：韓國特有的居住空間。把一層樓隔成多個狹小的房間，居住者每月僅需付月租金給房東即可。廚房、餐廳、浴室與廁所多半需要與他人共用。有些考試院會提供基本的泡麵、白飯及辛奇等配菜，讓居住者自由取用。

努力賺錢，更妄想著要快點一獲千金。就算投資股票，也不曾訂下符合現實的目標收益，或是針對目標種類進行研究——這不就是妄想著一夜致富，所以投機而非投資嗎？

或者說，只認定樂透是條活路，而把一切希望都押在彩券上了？

這有可能成功嗎？

老闆，你想做生意？

不久之前，我和本田一起去日本料理店用餐。聽說這間店在 Instagram 上很受到歡迎，果然店門口人聲鼎沸，裝潢也非常有氣氛，不愧是一家以感性風格著稱的名店。

在排了一個小時後，終於輪到我們入場。點好餐點，菜接著端了上來。雖然肚子餓到不行，我還是先熟練地變換濾鏡，拍了幾張要傳到 Instagram 上、充滿感性的照片。很好，差不多這樣就可以了，應該能夠上傳了。

然後，我們終於把食物放進了口中。

呃？這是什麼？

再次品味了食物的味道，得到的依舊只有糟糕的口味和被背叛感，食物和髒話差點相親相愛地從我的口中衝出來。

我開始懷疑是不是自己的味蕾出了問題，於是看了看四周，才終於得到了確定的答案。

又被 Instagram 騙了。

我那被虛有其表的食物殘忍奴役的舌頭和飢餓的胃還真是可憐，我頓時冒出「必須趕快餵它們吃下便利超商泡麵」的想法。雖然很可惜，不過我們決定盡速拋下食物離席。彷彿是在玩默契遊戲，其他桌的客人也接二連三跟著走向櫃台。我瞄了一眼他們的座位，果然桌上的盤子有絕大多數還是滿的。

雖然沒有資格開口詢問：「用餐還愉快嗎？」但是看到剩下這麼多食物，總該還是要問一句食物是不是不合胃口，或是餐點有什麼問題吧？但是在櫃台聽到的卻只是：「下一位客人，請到四號桌！」

老闆也知道不會有人再來第二次嗎？我突然覺得那些還在長長隊伍中等待的人很可憐。但是，看著他們充滿期待的雙眸，我實在不忍心隨便地批評這家餐廳。而且，他們應該也要為輕信 Instagram 付出代價吧？

老闆好像不想知道人們剩下哪些菜，又為什麼會有那麼多剩菜。只是忽視那些剩菜的存在，為了迎接新的客人，冷漠地忙著整理座位。幾個月過後，我再次經過那個地方，發現在同樣的位置開了一間新的餐廳。好像是西班牙餐廳吧？這次店門口也擠滿了排隊等待的人潮。賞心悅目的帥氣招牌和裝潢，雖然吸引了我的視線，但我仍舊決定下次再造訪這家餐廳。

在傳播媒體上也可以輕易找到類似上述店家的案例。最具代表性的就是《白種元的胡同餐館》[4]中，常常會出現一些還沒有準備好就創業，也不打算努力改善而被斥責的老闆。

餐飲業的基本是從「食物的味道」開始的。就像白種元老師說的：「想要好好經營餐飲事業，就得透過選擇和專注嚴選菜單。經過老闆深思熟慮而打造的一道

4 編註：韓國綜藝節目，以拯救、改造巷道餐廳為主題。

菜，會比隨便端出的十道菜更能賺錢。這一點就算沒有開過餐廳的人也知道。」

在開始其他事業時也一樣。最重要的是，徹底地計算過究竟有沒有競爭力。需要自行評估自己是否有適合做生意的資質，以及是否具備可以承擔該項事業的經濟能力。另外，對於該業種的事前調查也是必須的；此外，還需要收集真正做過生意的老闆們的經驗談。即使是已經過這些過程才展開的事業，也無法預估成敗——讓別人從口袋中掏出錢養活自己，哪有這麼簡單？

人們常常只看了身邊某些人的成功案例，就以為自己如果出來當老闆也會成功，於是便草率投身創業。

自認直覺還算不錯，可以籌備一個和最近流行的餐廳差不多的店。至於食物嘛，只要參考一下公開的醬料配方，應該很快就可以開發出新菜色來販售。接著只要拜託熟知這一帶的友人幫忙宣傳，就會有客人上門光顧。只要用用這些訣竅就能成功了！

然而，這麼想的結果可想而知。一開始以為靠著「公開配方」，應該能稍微有點人氣，但結果只能勉強支付店租，自己只剩下還不如打工薪水的收入——這是我們身邊常常可以聽到的故事。

求職者們在經歷數次就業失敗後，有幾句常常掛在嘴邊的台詞。

「要準備考公務員嗎？」

「要當 YouTuber 嗎？」

這些台詞在上班族之間也不難聽到。如果碰到壓力很大的日子，辭職的欲望又會再次迸發。

「啊，要不要放棄一切，去做生意呢？」

我們都知道這是因為身處的狀況太過艱辛，希望自己的人生可以出現轉變契機，才會說出口的話。

我們想要做生意的理由可能各不相同，為了賺更多錢、為了實現夢想……不然就是認為可以藉此擺脫現在的處境。

如果想要展開事業，有個必須銘記在心的事實。

做生意的人之中，十個有九個賺得不會比上班族多。

還有，**成功的少數人付出的是我們無法想像的努力。**甚至在成功之後，為了維持競爭力，依舊要不斷努力。

盼望救命繩，盼到頸部椎間盤突出

這是一位很重視酒局的朋友——巴洛迪利的故事。

巴洛迪利在接到某個人的電話時，會彷彿對方就在面前般，格外地畢恭畢敬。今天他也接到了那位大哥的電話，接著便聲稱要送他回家，急急忙忙地說自己必須先離開。

「為什麼要做到這個地步？你都和我們先約好了，一定要過去嗎？」

「抱歉，這位大哥正在準備創業。他答應過我，說會跟我一起打拚。現在必須這麼做，他以後才會多照顧我一點，不是嗎？你們就體諒我一次吧！」

就這樣，光是今年，已經是第十次聽到那位朋友要我們體諒他「一次」並送走他了。

後來某一天，巴洛迪利帶著洋洋得意的表情告訴我們，他找到了一個湯飯店廚房員工的工作。

「你明明對料理沒有興趣，怎麼會去湯飯店上班？」

「你們知道當時的那位大哥吧？他現在開了一家湯飯店，馬上就要蓋工廠，推出宅配產品了。他答應我，現在先在湯飯店學習實務，等工廠蓋好後，就讓我去當經理。」

「是嗎？恭喜你！他一個月會給你多少薪水？」

雖然嘴上為他開心，不過心裡卻替這位朋友擔憂。

「我只是先去學習。不過他說，一個月會給我約一萬二千五百元充當交通費。」

二〇二一年韓國的最低時薪是二百一十八元，然而他一個月居然只給薪一萬二千……。不過，既然是朋友想要做的事，我們全都支持他。

「既然是你決定的事，應該可以好好表現吧？努力工作，我們會去捧場，吃碗湯飯！」

幸好工廠順利竣工，朋友也成為裡面的管理階層。以雖然不多，卻略高於最低時薪的薪水為代價，付出自己的勞力。

然而，湯飯店的生意沒有想像中的好。一般來說，我們都會想要到朋友的湯飯店捧場，但是不管是從價格還是口味來看，我們都寧願去買必品閣[5]的產品，而不會想要去碰朋友店裡的湯飯。

當公司的狀況一走下坡，首當其衝的就是朋友的薪水。巴洛迪利又再次必須以不及最低時薪的薪水維生。這是在改善公司經營狀況的名目下，做出的犧牲。我們苦口婆心地勸告朋友，既然已經盡力了，現在要不要辭職，去找其他工作？但是，巴洛迪利卻說，如果現在離開，可能會毀了自己的形象。為了區區一個在酒局上結交的人脈而賭上自己的人生，不禁讓人覺得有些淒涼。過沒多久，湯飯工廠便關門大吉，朋友也再次成為無業人士。

5 譯註：BIBIGO，韓國 CJ 希傑集團旗下的一個國際性連鎖餐飲品牌。除了經營餐廳之外，亦推出即食料理包。

＊＊＊

各位是否曾經盼望身邊成功的朋友，可以分自己一碗湯水喝？

讓我們客觀地想想看吧！

那碗湯水有多大碗，我們並不知道。

也不知道是否值得一吃。

就算是非常美味又大碗的湯水，我們仍無法確定，那是否真的有我們的份。

人一生中，的確可能因為一段好的緣分，而迎來不錯的機會。但是，我們不能忘記，**在自己尚未準備好時出現的機會，有可能是個陷阱**。自己的未來，不會有任何人代替自己照顧。那個某人說不定只是把你當成一種工具而已。

我們不該單純為了拓展人脈，而應該是為了培養實力，投入時間與努力。看出你真正價值的人，就算得付出高昂的費用，也會渴望跟你一起工作的。

國際人才來到韓國的理由

Ring Ding Dong ~ Ring Ding Dong ~ Ring Diggi Ding Diggi Ding Ding Ding！

星期一早上六點，卡希爾今天也因為吵鬧的鬧鈴聲而緩緩睜開雙眼。好不容易從床上爬起來，簡單盥洗後，他手裡抓著一瓶豆奶走出玄關，廣域巴士的站牌已經擠滿了人。

「今天要不要請假呢……？」

不過，今天很幸運，巴士上還有位子可以坐。把身體塞進座位後，大概過了一個小時，終於抵達公司附近的公車站牌。都還沒開始處理業務，就因為剛剛經歷過一場通勤戰爭，全身已經開始痠痛了——好想下班啊！

「朋友們都還沒能就業，像這樣穩定的職場要到哪裡找？為了生活，我得忍耐才行！」

畢業於哲學系的卡希爾在完全結冰的就業市場上，不受「抱歉，因為你是文科生」的風氣影響，於一家還不錯的中堅企業就職，至今已經是工作第二年了。職場上竟然會有人說「抱歉，因為你是文科生」——就業究竟有多不容易，才會出現這句話？總令人覺得莫名苦澀。

然而就算順利就業，也不代表卡希爾的不幸就到此為止，幸福的生活即將開始。以「全民公敵」黃部長無理的歇斯底里為首，這裡有無數的壓力壓得人喘不過氣。來回超過兩個小時的通勤時間，再加上不計其數的加班日，不管怎麼說，工作與生活的平衡彷彿是只會出現在想像中的生物。

只有這樣嗎？上次朴科長不是還把他的點子當成是自己的，理直氣壯地上台報告？週末難得安排的相親，也不知道為什麼，搞得整個部門人盡皆知。不管是工作，還是人際關係，都開始令人感到厭煩。

「我真的撐得下去嗎？」正當他在苦惱的時候，大學時期的歐洲旅行突然浮現在腦海中。他想起當地那些下午四點就下班的人們，臉上幸福的表情。（不過他們的個人所得也比韓國高吧？）在酒吧裡悠閒享用一杯啤酒的人們臉上，也都可以感受到「幸福」二字。

「若能在那種和平的氛圍中生活，我應該也會變得幸福吧？」

下班後，他隨意在社群平臺上閒逛著，國中時移民到加拿大的同學的照片突然映入眼簾。和彷彿被關在鐵籠裡的自己不同，朋友臉上好像還留著學生時期的自由氣息。

啊！好想離開韓國！

然而搜尋過海外就業的方法後，發現事情沒有那麼簡單。因為他只是個文科畢業生，沒有特別的技術。光憑當初在求職時，為了取得多益考試高分而在短時間內準備的英文實力，似乎難以跨越語言的障礙。

「什麼時候才能習得第二專長，並精通語言呢？現在應該開始慢慢存錢，準備結婚才對……。」

十之八九，嘴砲們會在這裡因為短缺的實踐能力，而省下不必要的補習費和機票支出，依舊停留在原地生活。

但偶爾也會出現「先做了再說」的嘴砲，卡希爾就是這種特殊案例。他迷上了既可以體驗國外生活，又能賺錢的打工度假。

「只要去了，不管怎麼樣都能活下來吧？」直覺自己已經外國病[6]末期的他，無法擺脫「為了追求幸福，就得前往國外」的想法。不對，他是被必須離開韓國的脅迫俘虜——正確解答只有逃離朝鮮半島，一定要想盡辦法逃脫朝鮮半島！

雖然擔心語言不通、去了當地又該怎麼吃飯，不過只要去到國外，肯定會過得比現在這種枯燥乏味的生活還要好。他已經被「只要脫離韓國，一切都會好轉，並且變得幸福」的錯誤信念困住了。

果然韓國對我來說太狹窄了。到了國外，英文應該能變得無比精通，運氣好的話，還有可能在跨國企業就職吧？肢體語言萬國通用，所以應該不用怕餓死。外國也是人住的地方嘛！先趕快出國，再思考下一步吧！

於是他到處搜刮情報，想盡辦法在最快的日子申請澳洲打工遊學。在向公司丟出辭呈後，這才終於實際感受到要離開了。接著，出國日漸漸接近。抵達機場後，他心想：「航海王的主角——蒙其．D．魯夫為了成為航海王而航向大海時，就是這種心情嗎？」一邊想像著眼前即將來臨、令人激動又幸福的未來，他的內心不禁一陣激昂澎湃。

「現在對韓半島連看一眼都不會了。」好像只要抵達澳洲，一切就會只剩下快樂的事。

然而從入境審查開始，事情就很不簡單。意識到語言隔閡比想像中還嚴重的卡希爾下定了決心，要先學會如何開口——到了語言學校之後，得拚死專心學好英文才行！

在新的環境，總會遇到新的緣分。而他沒想到在遙遠他鄉遇到的同鄉，竟然那

6 譯註：意指嚮往在國外生活的心態。

麼地令人高興。為了撫慰思鄉之情，他和在語言學校遇到的韓國人一起度過痛快的韓語暢談時間，當然也沒有錯過三層肉派對。既然來到了澳洲，在異國相遇也是緣分，於是也「順便」一起到處旅行。結果增加的不是英語實力，反而是「大哥」們和友情。就這樣，卡希爾可以選擇的職缺逐漸減少。

卡希爾最後在皮姆沃貝克爺爺的德蒙特柳橙農場工作。就算英文不好，至少他對身體語言很有信心。

難道他比起四周封閉的廚房，更想要在寬廣的自然中工作嗎？在胸懷大志踏上的澳洲，卡希爾成為了「柳橙族」。天知道他有多努力摘採柳橙，手指不知不覺都被染黃了。

要不要換去草莓農場工作呢？

再過一陣子就是草莓採收期，而且聽說那裡有非常多韓國人……

在農場裡，連可以傾訴心中苦楚的朋友也沒有；就算生病了，連去醫院的念頭也不敢有；甚至在韓國的時候，不會刻意去買來吃的泡菜，都突然變得非常想念。

原以為只要離開韓國，一切都會變得不一樣，但是像滾輪一樣轉動的日常卻毫無改變。面對黃部長的時候至少還能頂嘴，但是在這裡因為英文不流利，連頂嘴反抗也做不到。他很想要把柳橙丟在地上洩憤，但是這麼做，好像會從澳洲爺爺口中，聽到「F」開頭的喝斥。最後只能「啪」一聲，小心眼地將柳橙丟進布袋裡。

好想念媽媽。

唉……不過都來到澳洲了，可不能這麼簡單就回去。

……不對，這樣已經算是盡情見識過這個遼闊的世界了；父母也過了花甲之年，得隨侍在側——是時候該回去了。

就這樣，卡希爾放棄了脫離朝鮮的夢想，回到了之前被自己嫌棄成地獄的祖國。在比預期還要早回來的韓國，他再次經歷了一年辛苦的就業準備生活，最後在比之前條件更差的公司重新就業。每當更加小巧可愛的薪水擦身而過，黃部長的碎碎唸就變得令人懷念。

＊　＊　＊

就算如何身懷技術專長，也不會有特別的差異。

筆者畢業於物理治療系。在就讀大學時，曾經流傳過如果畢業於美國物理治療系，可以獲得比在韓國發展更高的收入、待遇也更優渥。所以在低年級時，大家都像在追逐流行一樣，立下「取得美國物理治療師執照」的目標。

他們的美國夢最後都成真了嗎？

就結果來說，我們同屆之中不管是誰，幾乎都連一步也不曾接近在海外發展的夢想。隨著每個學期過去，同學們越來越熟悉與現實妥協的方法。大家都聽從強調安分知足的聖賢教誨，各自分散至韓國大大小小的醫院任職。

在美國發展，成為高不可攀的參天巨木。

某一天，我有幸可以和總是包辦第一名、傳說中的朴比利學長小酌一杯。

「嗯？我取得美國物理治療師執照了啊！不過，就算有了那個，也去不了美國。比起母語人士，我們的英文不算流利嘛！按摩也得聽懂哪裡不舒服，才能幫患者們按。而且，如果沒有人脈，連就業都沒辦法。能取得執照並在美國站穩腳步的，應該不到百分之十吧？」

據朴學長所言，取得美國物理治療師執照不是問題，大部分人都是在就業過程中放棄，掉頭返回韓國。

對國內的環境感到不滿，並貿然夢想在國外進行嶄新嘗試的人多如牛毛。但是，那個過程不如想像中簡單。為了在陌生的地方成功，需要付出更多的努力。忽視這一點，確信只要逃離出國一切就會順利，將此作為專屬自己幸福迴路的人，大部分都以失敗收尾。

脫離朝鮮的「脫」字中，蘊含了想從目前狀況脫離的「逃避」之意。若你一直抱著濃厚的「只求擺脫」的逃避性決心，不管去哪裡，都很快就會放棄，然後繼續尋找下一個要逃亡的地方。

這是你的錯，那是他的錯

不久前，我曾和常常互相打招呼的五十多歲阿姨進行了一場對話。這個年齡層的媽媽們主要擔心的會是什麼呢？就是兒女。這位阿姨常常向我傾訴她對自己兒子的擔憂。

「我們阿札爾只要老實一點，我這輩子真的別無所求了。做人不努力，藉口倒是越來越多。我擔心他以後什麼都不做，只會待在家裡遊手好閒，當個啃老族。」

「阿姨，最近的年輕人好像也不是做人老實就會成功。」

不過，聽完她接下來的話後，我的想法改變了。

那個兒子不久前說自己報名了證照考試。透過函授課程準備考試需要花很長的時間，不過阿姨卻沒有看過阿札爾讀書的樣子。他的一天已經被遊戲、網路漫畫以及YouTube分配得一乾二淨了。

阿姨擔心萬一自己出面干涉，反而會對阿札爾造成不好的影響，所以正努力試著盡量相信他。不過站在父母的立場上，子女在考試前夕，卻完全看不到努力的樣貌，怎麼會不擔心呢？所以，她盡可能小心翼翼地向兒子提起這件事。

「兒子~再過不久就要考試了，你應該要讀一下書了吧？」

然而回報她的，卻只有兒子混著怒氣的粗暴回答。

「啊！我自己會看著辦啦！」

考試當日，兒子打算吃了前一天買好的三明治，再出發去考試。不過，阿姨覺得三明治好像餿掉了，於是直接把三明治丟了。沒想到，怕兒子吃了壞掉三明治而腹瀉的擔憂，卻成為了禍根。

「啊，媽！我本來打算吃了三明治，再去考試的耶！」

「因為那個好像臭酸了，我就把它丟了。我給你錢，你再順路去麵包店買一個新的來吃。」

「算了，我不想吃了。今天的運氣好像不太好。」

本來直接再買一個三明治就好了，阿札爾卻莫名其妙發了脾氣。雪上加霜的是，前往考場的公車拋錨，他只能半路下車，改搭其他公車。

莫非定律總是冷血無情。當然，如果某件事的發展跟預期中的不同，可能會令人消耗較多的能量，並且感到煩躁。因為考試當天好像會特別敏感的關係，阿札爾有預感那天的考試會搞砸。

才走出考場，阿札爾便發了脾氣。

「今天之所以會考砸，都要怪那個三明治。媽媽為什麼要把三明治丟掉？真是沒有一件事順利。唉，壓力好大！」

聽說阿札爾打著紓解壓力的名義，打了一整晚的足球電玩。

我們嘴砲習慣把失敗的理由歸咎於環境。

不從自己身上揪出錯誤，而是在外部尋找問題根源，可以讓人暫時得到心靈上的平靜。

然而，不只刺傷父母的心，把錯誤推到他人身上的習慣還會讓我們的人生道路艱險難行。**如果不找出「我」的問題和失誤並且努力自行改善，問題絕對無法獲得解決**。

阿札爾之所以考砸的根本原因，大家不也都很清楚嗎？做這種事可能不太熟悉，但是我們得承認失敗的原因就在自己身上。接著，為了解決問題，試著做出努力吧！這次，輪到我們發揮專長了。

拖延術！

試著拖延「找藉口」吧！

Level 2

嘴砲養成所

然而，成為嘴砲……不只是我們的錯。

就算是溫室裡的蜥蜴，

每一隻也都長著不一樣的花紋——

覺醒吧！獨一無二的你！

溫室裡的蜥蜴

「最近的年輕人真是沒魄力。想當年，我那個時候啊……。」
「最近的人根本沒毅力，應該要吃點苦才對。一個個都是溫室中的花朵。」
說出這種話的「大人」之多，這段日子以來已經看到膩，現在應該不會有什麼特別的感覺了。
五、六十歲，或是更早的世代在度過青年期的時候，在經濟上非常困苦。簡單來說，就是較難養家餬口的時期。
經歷過戰爭的世代，不得不解決眼前的三餐問題；而他們的子女為了家人的溫飽，千里迢迢前往遙遠的異國，把自己的青春奉獻給他人反感的工作。然後，正當那些子女覺得生活有點改善的時候，又得面對ＩＭＦ金融危機。我承認，「大人」

們當時就算面對試煉，也像雜草一樣撐了下來，沒有被打倒。

其中也有吃得比別人少、睡得比別人少，卻比誰都更努力打拚，最後取得成功的人，也就是所謂的「麻雀變鳳凰」。他們如今坐在高位，給予「跟著我這麼做，你們也能成功！」的建議，並居高臨下看著我們。藉由「成功人士的 N 種法則」等帥氣詞語闡述各自的成功故事，同時也把自己包裝成神話以及人們的夢想。

不要誤會。筆者不是因為我們也有可能成為人中之龍，所以想說服大家去照他們的話做。筆者是想談談那些龍除了腦中的如意珠，還做了什麼。

在那個時代，「大人」們也都是無數隻夢想著一躍龍門的鯉魚。他們拿自己生活過的那條凶險又充滿活力的「溪流」，和現在進行比較。與當時相比，現今二、三十歲年輕人生活的環境，是非常豐足和平的「溫室」，應該要懂得心懷感激。沒錯，我們如今已沒有必要為了適應外部環境，努力出生入死。於是，我們在尚未得知溫室外世界的狀況下，「順利地」長大了。

好了，那麼那一座溫室，是誰打造的呢？

讓我們回想一下學生時期。

大多數的父母和老師總是忙著把他們那個年代的成功方程式，代入我們的人生之中。

「只要用功讀書考上好大學，就能找到好工作，賺很多錢。」

「如果考上好大學，就會有一堆帥哥美女排隊等著跟你交朋友。」

「你們啊，大學比起選系，選校更重要。」

「所以，你們不要擔心，只要照著我們的安排用功讀書就好！」

上一世代的人把我們關進溫室裡，讓我們安全長大。然而，這反而成為妨礙我們成長的原因。偶爾鼓起勇氣，想要逃離溫室的蜥蜴們，便會被貼上「小混混」或「痞子」的標籤。接著時光飛逝，爬出溫室之後，卻被他們吐著舌嫌棄道：「最近的年輕蜥蜴，為什麼都這麼軟弱無力？」難道他們沒有想到，我們是被他們關起來的嗎？

對溫室裡的我們來說，不曾擁有找尋自己喜歡什麼、擅長什麼的機會。只能分成擅長國、英、數和不擅長國、英、數——擅長的事必須在國、英、數裡面尋找；不擅長的也只能從國、英、數的範圍內挑出。學生時代時，以為像這樣跟隨父母和老師的指引，就算不算成功，至少可以過得平凡又幸福。於是大家的學生時期都在相似的框架內，遵守著紀律並用功讀書，然後通過入學考試，進入大學就讀。連考上哪個科系會學到什麼、未來又能從事什麼職業都不太清楚，只是把分數符合的，或是聽說未來工作比較好找的科系填上申請表。擅長數學的朋友就算不知道那個科系在做什麼，還是會選擇就業比較順利的理工科；而數學不太好的朋友，則會選擇工作還算好找的商學領域科系。

直到實際上了大學後，才開始覺得這條路好像不是己想走的。然而想要鼓起勇氣忽視這段十年以上的歲月，去尋找新的出路，並不是那麼簡單。

我真的不知道自己想做什麼。

我喜歡的事究竟是什麼呢？

學生時代的我們，沒有機會自行尋找這個問題的答案。每個漆黑夜裡，忙著在點了燈的K書中心假裝用功，而這種內心的疑問卻因為明天要交的數學作業，被我們越推越遠。

大人們總是說，只要照著他們決定好的路走就可以了；他們還說，聽大人的話絕不會有一丁點壞處；乖乖聽媽媽的話，就連睡覺時也會有好事降臨。然而，我們從未想過那條路，實際上是不是真的適合自己。我們並未被給予探索其他出路的機會，也無法為了尋找新的道路，在途中拿著指南針改變方向。因為沒有改變路線的機會，如今還會費盡心思否認其他道路的存在。

「其他道路如果通往懸崖，該怎麼辦？目前為止走的這條路也不怎麼差，有非得找尋其他道路的必要嗎？」

失去方向感的蜥蜴們就像這樣無比畏縮地活著。我們能做的，只有用嘴巴吵鬧而已。

如果把自己經歷過的「成功方程式」強加於他人身上，這樣的人無關年紀，都會成為「老頑固」。

成年的蜥蜴們度過了必須抵擋急流的艱辛生活。然而，在溫室中成長的年輕蜥蜴們，也是在溫室中，各自經歷過激烈的競爭才活了下來。如果說我們有錯——難道單純太容易適應環境，並順應一切也是錯的嗎？我說的正是大人們為我們打造的溫室。

蜥蜴也擁有各自不同的花紋

我們是溫室裡的蜥蜴。原本以為大家都是一樣的蜥蜴，仔細一看才發現，身上的花紋都各自有些不同。其中，也有以「考試成績」這個華麗花紋為傲的傢伙。而且，這些人自然而然地吸引了大人們的目光。

「那孩子不是蜥蜴，而是龍！」

「照這樣好好長大的話，以後會是個偉大的人物。」

「真希望我也可以養一隻那樣的龍！」

沒有任何人注意到我身上模糊的花紋，身邊的人也都只叫我模仿朋友身上的花紋。

他們勸我，說不定這麼做，未來至少可以變成一條「蚺蛇」。大人們的疼愛和欽羨總是被那些紋路華麗的蜥蜴們佔據，甚至就連他們咬傷其他蜥蜴，也很容易被原諒。

那種蜥蜴的名稱叫做「媽朋兒」[1]。

非常偶然地，我們身邊一定會有一個的「媽朋兒」不只功課好，連運動也很擅長，沒有一件事是他不擅長的。

某天，我實在覺得太傷心了，便試著頂撞了媽媽。

「不是嘛！他是帶著優秀基因出生的，但是我的腦袋就遺傳到媽媽，我能有什麼辦法？」

「喂！我不就是希望你別像我一樣，因為不會念書而過著這種生活，才會這麼說嗎？」

我還想要吃當天的晚餐，於是決定不再繼續頂撞。

成績好的話，能擁有所謂「師」字輩專業工作的機率相對比較高。父母們親眼看著那些功課好的朋友，於名門大學畢業後，從事專業工作，過著富裕生活的樣貌。

便想：「我雖然做不到了，但是我的孩子一定要過那種生活！」

這世上還有比這個更強大的動力嗎？

不但如此，他們還篤信，只有名門大學才是活路。

就算到處借錢，也要搬到以學風優良著稱的地區，還要把大部分的薪水用在子女的課外教育。想像著自己的孩子從「ＳＫＹ」[2]畢業，披上法袍的樣子，並把菜籃中的國產牛改成澳洲進口牛肉。這點小事一點也不難。萬一，那戶人家的孩子稍微有點讀書的資質，就連祖父母也會把所有的身家都押在孫子的課外教育上。「我們家終於出了個人才啊！」心裡不斷想著，沒有比這個更好的價值投資了。如此一來，每當孩子開始從學校帶回來小小的進步，就會把「孫子幣」暴漲視為既定事實，在社區裡到處向人炫耀。

1 譯註：意指媽媽朋友的兒子，即在媽媽眼中，比起自己的兒子，總是更加完美的人。

2 譯註：首爾大學、高麗大學、延世大學的英文縮寫，是韓國的三大名校。

但現在，世界改變了。孩子的嘴裡居然會說出「房東比造物主強」這種話。想要成為房東的想法是從哪裡來的呢？因為孩子們太快就知道，「這個世界是以金錢為中心運轉」這個苦澀事實。

最近孩子們的未來志向也改變很大。根據國小、國中、高中學生未來志向的調查結果，創作者、電競選手、歌手、網路漫畫家上升至前幾名；在你我爭相想要成為醫生、老師、科學家的未來志向間，吹起一股新的風潮。比起一定要讀好書，他們更想成為某種人才；夢想從事可以賺進大筆錢財，同時自己又喜歡且樂在其中的職業種類。

近來脫離以國、英、數三科為中心的學習，不但從事自己想做的工作，還能爭取財富與幸福的人多如過江之鯽。

此外，人們也已經開始發現，並不是只要會讀書，就一定能夠通往幸福快樂的生活。

成績優異而考上名門大學，畢業後在大企業工作的朋友其實也一樣，每次見面時，老是把想要辭職去當 YouTuber 的話掛在嘴邊。

相反地，學生時期功課沒有那麼好，還沉迷電腦的朋友，卻在頗具名氣的遊戲公司上班，成為有實力的遊戲開發者。可見因為擁有自己的夢想並為此努力的人，在經濟上更加寬裕，甚至看起來比那些曾是許多大人心目中標準的「媽朋兒」還要更加幸福。

世界好像發生了什麼變化。**現在比起大學的招牌，是否能找到適合自己的事更重要**。

當然，讀書讀得好，就能吃得好、過得好的可能性還是很高。但是，儘管如此，也不代表他們一定是幸福的。相反地，儘管不太會讀書，卻能找出自己喜歡什麼並磨練實力的人，完全有可能賺進很多財富。再加上，他們是在做自己喜歡的工作，這不知道有多麼幸福。

讀書不是不重要，而是要避免沒有時間了解自己，變成只因為別人都在做，自己也跟著做，毫無目標也不知理由的用功。

在開始讀書前，需要有觀察自己擁有何種花紋的時間。那段時間肯定會在離開「溪流」的時候，讓我們比他人更快適應，並幫助我們能夠使自身獨有的花紋更加耀眼。

連午餐吃什麼都無法決定，要怎麼決定人生？

「選擇障礙」是用來形容需要做出某種選擇時，無法輕易做出決定、猶豫不決的新名詞。每個人都會遇到幾次，在餐廳或咖啡廳無法輕易決定要點哪一種餐點、飲料的經驗。

人們為什麼連自己要吃的餐點，都無法輕易做出決定呢？我們本能地會想做出最佳的選擇。如果錢多到用都用不完，就可以不用管會不會剩下，直接把菜單上所有的餐點都點一輪，每一種都嘗嘗看味道。但是，存摺上那小巧可愛的餘額數字，便會讓我們反覆考慮能以最合理的價格，獲得最大滿足的餐點是什麼。

某個星期六的午餐時間。平日已經用泡麵和便利商店便當果腹的我，決定這個週末一定要用品嘗美食來展開。

「該吃什麼才能以懂吃出名呢？」

為了嘗到無可挑剔、最棒的一餐，我試著回想最近去過的美食名店。

雖然有幾間候選餐廳進入熱門名單，但是今天想要去發掘新的美食名店，所以暫時保留好了。

於是，我拿出手機，開始在部落格和 Instagram 翻找美食名店的造訪心得。發現從家裡搭公車約十分鐘車程的距離外，有一條新成立的美食一條街，是最近熱門的景點。

「就是這裡！今天就去這裡看看吧！」

穿過熙熙攘攘的人潮，歷經了千辛萬苦，好不容易終於能夠踏進餐廳。

然而，事情不到最後就不算結束。還有第二個試煉——菜單，在等著我。

「哪有人菜單上這麼多種類的……？」

菜單上的字簡直讓人眼花撩亂。雖然試著尋找推薦餐點，卻沒有看到任何標示。我再次打開 Instagram 確認過品嘗心得，又快速掃描其他桌的客人都點了些什麼菜，這才決定要點的菜餚。

「要吃一頓飯，還真不簡單。」

到了週末還得反覆動腦筋，我不禁感到頭大。但是，還必須面對第三個試煉——甜點菜單。

不過是想要送我的味覺一份大禮，反而好像會讓自己先累倒。我本來是打算吃一頓好料的，藉此消除這個禮拜感受到的壓力。但是探索美食名店的想法，反而帶來更多的壓力。

「算了！先吃飯再說吧！」

人們對於自己不是很了解。連自己喜歡什麼、討厭什麼都不知道的人也不在少數。

「你最喜歡的食物是什麼？」

「我並不挑食，任何食物都喜歡。」

「那麼，討厭的食物呢？」

「我真的什麼食物都能吃，所以也沒有討厭的。」

沒有特別反感的事，活得非常圓滑的人，換句話說，可以視為沒有堅定喜好的人。因為沒有特別的喜好，在挑選菜單時，也因為有很多苦惱而無法輕易下決定。挑選餐點時，如果菜單上有BEST標示，至少能對難以做出決定的人提供很大幫助。不過不幸的是，我們的人生沒有所謂的BEST標示。所以，已不太清楚自己飲食喜好的我們，要怎麼知道自己人生的愛好呢？

食物因為有吃過的「經驗」，可以知道好不好吃，但是自己的未來卻一次都不曾經歷過。一輩子需要做的重要決定實在太多了——科系、職業、婚姻等，我們該怎麼做，才能做出最好的選擇呢？

讓我們再回到餐點的話題。朋友們之中，總會有一、兩個人擁有專屬的私房美食清單。多虧有他們，降臨在初來乍到、因為不知道該如何選擇餐點而手足無措的我身邊，賜予美食名店清單的恩惠。擁有自己專屬的美食名店清單，就代表他們擁有可以判斷一家店是否為美食名店的獨有喜好。

就在這裡，我們可以找到獲得自己人生喜好方法的線索。我們的救世主不管是週末還是平日，只要有時間，就會去踏遍那些很「夯」的美食名店。在造訪過無數家名店，並歷經失誤後，終於才建立了自己獨有的美食名店標準。由於那些親自跑一趟而獲得的「經驗」，也打造了對美食名店的喜好。現在我似乎稍微理解「想要跟對的人結婚，就要多談幾次戀愛」或「趁著年輕，就算吃苦也要去闖蕩」是什麼意思了。說到底，累積各種經驗，同時了解自己的喜好是很重要的。

學生時期所接受的正規課程，不也是為了讓我們可以順利選擇未來出路而設計的嗎？然而諷刺的是，為了讓我們能順利選擇而打造的正規課程，反而導致了妨礙我們好好思考未來出路的結果。學生們被切斷了可以體驗多種經驗的機會，抱著只要努力學習就能解決一切的迷茫信念，一路衝刺到了大學入學考試結束的那一刻。用這種方式考上的大學又是如何呢？與自己的期待大相逕庭的例子比比皆是。

「我真的有辦法繼續讀這個科系嗎？」

「以後真的可以靠這個賺錢維生嗎？」

直到現在，長期擱置的未來出路問題才向我們步步進逼。有人意識到自己經驗不足的問題，於是透過休學或旅行，度過了更加深度探索自己的時間，並且經歷累積經驗的過程。隨著多方累積經驗，同時拓展嘗試的途徑和範圍，發現自己獨有夢想的機率也會跟著增加——即使有時看起來會失敗。

這一切如果在考大學入學考或填寫志願表前發生，會怎麼樣呢？應該可以讓人生活得更有效率吧？

在不尊重個人喜好，千篇一律的正規課程之中，我們終究無法找出自己到底喜歡什麼。

即便如此，身為自己人生的主人，我們難道不應該負起責任嗎？我們應該考慮一下自身喜好究竟是什麼，並從現在開始累積足以做出選擇的經驗值。

以後不要再「隨便都好」了。

沒本事賺錢，還敢這麼囂張

為了成為中產階級，究竟要擁有多少財產？

淨資產五百萬元、住在公寓，擁有中型轎車等經濟指標在你腦海浮現了嗎？在此之前，是否曾經思考過中產階級的定義呢？

曾經有一篇介紹各國中產階級標準的報導一度蔚為話題。

法國以文化藝術層面為指標；而英國不愧是紳士之國，把紳士精神當成標準；美國則是展現自由民主標竿的風範，以公民意識為中產階級的指標。相反地，韓國不愧為創造漢江奇蹟的國家，強調經濟要素。

韓國在短時間內，從世界最貧窮國家躍升到首屈一指的經濟強國。

由於韓國在這五十年間，全力投入在經濟成長上，相對沒有閒暇可以關心錢財以外的其他要素。對祖父母世代而言，不讓自己的孩子——也就是我們父母那一代——感受到他們曾經歷過的那份青黃不接的恐懼，是人生最大的目標。由於比任何人都清楚「無法擁有」的悲傷，所以產生了「不管是什麼，先賺到錢再說」的態度。這種傾向很快就成為整體社會的普遍概念，甚至這樣的價值觀還演變成孩子們會依照家中公寓坪數，在遊樂場佔地盤的狀況。而我的夢想，也被換算成了金錢。

小時候，我的夢想是成為「足球王」——我想當世界上最出色的前鋒。張貼在教室後方布告欄上的「我的未來志向」，總是寫著足球選手。但是，看著我在運動場上踢球的樣子，我的父母似乎早就意識到我不會是第二個孫興慜[3]。父親說，以我這種半吊子的實力，就算在社區裡的晨間足球同好會，別說是一軍選手了，充其量也只能幫忙搬水壺。這話像一記超強力老鷹射門，直接命中我的要害。不過，他說我很會讀書，應該能考上醫學院，成為一名醫生。我可以等成為一名成功的醫生後，再加入醫療人員足球同好會。從那天之後，我在學籍簿上的未來志向就變成了「醫生」。

人家問我未來志向是什麼的時候，聽到我的答案是醫師，大人們看著我的視線與之前大不相同。有時候，我明明也不是已經成為了醫生，只是告訴他們我的未來志向，他們好像就能莫名地感到自豪。夢想成為足球王的小孩們當然不知道醫生、律師、法官等職業究竟在做什麼工作，又追求著什麼價值，只是因為可以賺很多錢，父母和老師又說不論如何都得這樣做，我們也只能聽話點頭。

從未來志向開始，漸漸地連我的成功標準也配合起金錢方面的標準。隨著年紀增長，更加深切地體會到了錢的重要。

學生時期，那些住在大坪數公寓裡的朋友們，不知道為什麼，自信感看起來都直衝天際；而那些因家境貧寒，無法一起參加海外教育旅行的同學們，則無法抬頭挺胸。長大成人後，不是只能看著那些每到寒暑假就往國外跑的朋友們上傳的Instagram 美照；就是從成功考進大企業就職而請客的大學同學身上，感受到莫名

3 譯註：韓國著名足球選手。

的挫敗，實在無法笑著恭喜他們。

不知不覺間，我們習慣了這種氣氛，成功的標準也自然而然變成了金錢。如果賺了很多錢，就會認為自己成功了；但若是無法賺到很多錢，就會產生失敗的自我認知；或者因不是在大企業工作，而莫名感到畏縮。雖然不是犯了什麼罪，卻總覺得被烙上了失敗者的印記，由於不想顯露出自己弱小的一面，反而還誇下海口。

本來問題就已經無法解決了，身邊的視線又讓自己變得更加怯懦。什麼事都不想做，甚至全身失去了力氣。

自尊？那可以吃嗎？我覺得自己是個令人失望的傢伙。

這種模式就好像莫比烏斯帶一樣無限循環，對整個人生造成負面影響。

不知道從何時開始，鏡子裡面出現一張嘴帶著空蕩蕩的心，用悲傷的眼神看著我。

沒有偉大挑戰，只有偉大成功的社會

今天又因為「明知會失敗」的想法，無法盡到全力。就這樣沒有獲得什麼特別的結果，結束了一天。

我們大多數人沒有經歷過足以撼動人生，例如事業完全垮台之類的巨大失敗。然而，在過去幾十多年的時間裡，我們其實都經歷了很多次失敗。

就以學生時代來舉例吧？

下面重播的是英文課時間。

從小就是美劇迷的我，為了達成不靠字幕也能看懂劇情的目標，積極地想要讓自己精通英文。所以一開始上英文課時，我總是積極參與。但是，後來我完全失去了興趣——似乎是從我跟美國留學出身的唐諾萬同班後開始的。就像《六人行》的錢德一樣，說著流暢英文的唐諾萬，每次演說都讓大家讚嘆不已。身為土生土長韓國人的我無法接近，也無法用言語說明的那種特有語調，實在是太有魅力了。在唐諾萬的報告結束後，老師的稱讚毫無意外地緊接而來。

「好了，還有沒有人想試試看？」

因為高品質的演說而興致高昂的老師似乎想要延續這股氛圍。接著，一片寂靜。誰能在這種狀況下，勇敢舉手呢？

「唉，我是很想試試看，不過好像跟他差距太大了……。而且文法上也很容易就搞混。」

我已經開始想像，在報告結束後，成為眾人笑柄的模樣了。噢，不！「沒錯，輪到中間的順序時再上台吧！」

於是那隻猶豫不決，彷彿在空中飄浮的手，悄然和書桌合而為一。

如果想要提高英文實力，就不該害怕用英語對話。所以，就算不符合自己的個性，我也常常試著鼓起勇氣。但是，在如天一般的存在面前，比起實力進步的喜悅，被比下去的糗態更加歷歷在目。這個想像每次都能有效地讓我避免難堪，「幸虧如此」，我的英語口說實力依舊停留在十年前的水準。

我為何無法鼓起勇氣呢？

從小，身邊的大人都吝於給予稱讚。「讚美」總是只有成績好，或報告時表現優異的人才能擁有。對於無法在黑板前抬頭挺胸解開數學題目的我來說，絕對不可能聽到一句稱讚。

「回位子坐好吧，臭小子！」

幾乎沒有一位老師會稱讚「這是一次好的嘗試」或「出色的挑戰」。好結果會伴隨名為「稱讚」的獎賞。但是，沒有成功的挑戰，是不會有獎勵的。只要不挺身挑戰，就不會失敗。就算鼓起勇氣，但萬一失敗了，留下的也只有丟臉而已。

「不要沒事亂出頭，還是乖乖待在原地吧！」

我們就這樣成為害怕失敗與挑戰的人。

需要挑戰的狀況，也出現在二十幾歲、青春的校園生活裡。

社團活動第一次見到就讀人文學院的她時，便在我心中埋下了心動的種子。越是跟她相處，那顆心動的種子越是跟著成長茁壯，開出了名為「單戀」的花朵。我下定決心要在這朵花凋謝之前，得到愛情的果實。然而，從要電話這件事開始，就是難度最高級的挑戰。

「如果被拒絕了，該怎麼辦？要因為這樣就去當兵嗎？」

不知道是因為對被拒絕的恐懼，還是對當兵的害怕，每當我在校園裡看到她，總是擔心會引起她的注意，而忙著逃跑。就在我猶豫不決之際，機會已經從指縫間流逝。我的她身邊有了名為「學長」的傻大個死守著。為此，我的枕頭有好一陣子都被淚水浸濕。這該死的想像力，對我的戀情也沒有任何幫助。

我的想像力在我離開大學校園進入職場後，依舊困擾著我。我的直屬上司是所謂「粉碎一切」類型的人。就像胡桃鉗娃娃粉碎胡桃殼一樣，他總是喜歡粉碎部下提出的一切提案。彷彿得了一種「見不得讓上午例行公事愉快開始」的病，每到早上，他總是不例外地，對屬下要求「改善事項」。除此之外，他大概也想要生產半導體，常常把業務以奈米為單位進行分配，並要求必須依照自己希望的方向，在正確的日子交到他的辦公桌上。如果想要發揮一點變通性，就會被強烈要求「改善」。

在這種工作環境下，會議時間真的令人十分難堪。明明答案已經決定好了，卻還是叫我們提出想法。因為知道提出想法會有什麼下場，所以大家都沒有反應，但是這麼一來，又會被他發瘋似地責怪──「為什麼這次也一點反應都沒有！」就算偶爾鼓起勇氣，也無法避免精神被打擊成碎片的狀況。因為不知道他到底想要做什麼，所以大家只能保持沉默。今天的會議，也是以上司為主角的獨角戲畫下句點。

雖然是偷聽到的，不過隔壁組的組長好像很不一樣。不會先入為主定好答案，而是會將組員提出的意見加以發揮來執行業務。因為時常進行多次提議與回饋，會議室的預約次數遠超過我們組。儘管如此，那一組成員臉上的表情總是很開朗。後來才知道，那一組的組長不會計較職等，而是完全依照組員個人的貢獻程度分配獎勵——這讓我突然好想要馬上換到那一組。但是，我卻又馬上開始懷疑自己如果去了那一組，真的可以有好表現嗎？隨即便嘗到一絲苦澀。從很久以前開始，我已經變得小心謹慎，連提出看法都不敢了。

要將嘗試錯誤當成發展的基礎，本人的意志很重要。然而，身邊的環境亦非常重要。**一次的失敗並不代表結束**，我們需要將其視為在成功過程中，常常經歷的一件事。

重新挑戰的勇氣，會在對失敗寬容以待的氣氛下自然產生。不過，我們的社會沒有那麼輕易容許失敗。

在工作的過程中，經歷失敗是理所當然的。重要的是，重新審視失敗，並找到原因。

我們隱藏在記憶一隅的失敗，其實是偉大挑戰的證據，同時也是條通往成功的線索。

華麗的貼文圍繞著我

這個世界上，如果只有我一個人，還會有自卑感嗎？

自卑感是和別人比較時，會感受到的情感。因為人類是社會性動物，在生活中，會不斷與人締結關係。近來，因為 Facebook、Instagram 等社群平臺的發達，讓我們不論在何時何地，都能生動地確認他人的生活。然而，**與人的連結有時候太過火了，反而會損毀自我的存在感**。例如：抖音上流行的挑戰，好像也必須跟著做，並拍下影片上傳；Instagram 上如果出現受歡迎的餐廳，就算花了好幾個小時等待，似乎也要親自嘗過並上傳認證照才滿意。

「連他也做了，我怎麼可能不做？」

然而，被捲入看不見盡頭的貼文戰爭後，會發現人生的標準不再是自己，而是得配合著他人的視線。與此同時，離「自己喜歡什麼」的答案也越來越遠。

Instagram 裡的朋友們全都看起來很幸福——雅雅圖雷今天似乎在米其林二星餐廳用餐了。搜尋後才發現，那裡是連午餐套餐也超過二千五百元的高價餐廳。突然之間，覺得自己剛剛才拿出來的泡麵包裝看起來十分寒酸。

於是我無緣無故切了一點堆在冰箱裡的蔥，加了一些冷凍庫裡的餃子和年糕，最後還打了一顆蛋。在新貼文中的我，成為了一位興趣是做家常菜的人。

#清空冰箱 #家常菜 #料理很愉快

不過，莫名的失敗感，還是讓我感到苦澀，被雞蛋包裹的泡麵麵條也無法撫慰心中的空虛。雖然暫時變得悶悶不樂，不過很快又習慣性地更新貼文，瀏覽起其他人的驕傲，帶著一半羨慕，一半忌妒的心理滑過一則又一則。突然，一張讓我瞪大雙眼的照片映入眼中，手指也不自覺地停了下來。

「什麼？柯洛圖雷買了賓士？之前聽說他在玩股票，該不會發大財了吧？」

不知道是想要感受到更強烈的失落感，還是打算戳破圖雷的虛張聲勢，我像是一頭眼前出現獵物的猛獸，開始仔細搜查那傢伙最近的貼文。剛剛那股沮喪的心情已經被我拋諸腦後。

「他好像是車奴耶？之前聽說有人買了中古進口車後，人生變得極其艱難，他是好好做過功課後才買的嗎？既然賺了錢，應該要先買房子才對啊，嘖嘖……。」

為了不擇手段將圖雷變成令人失望的傢伙，我絞盡腦汁，拚命想要證明「圖雷的行動是虛張聲勢的蠢事」。但是，我終究只能承認——儘管不知道圖雷是不是車奴，但我的確是個「窮人」。

「唉，好孤獨啊！」

在朋友們華麗的貼文之間，我變得無比淒涼。今天根本什麼都不想做了。

和別人比較而產生的自卑感，會奪走我們的實踐能力，把我們變成嘴砲。

玩社群平臺時，自卑感是必定會產生的嗎？儘管如此，如果要戒掉社群平臺，又好像是宣布要和這個世界斷絕聯繫，讓人更加害怕。該怎麼做，我們才不會把時間浪費在拿別人引爆自卑感，而完全用在自己身上呢？下面這則故事說不定可以提供一點線索。

＊＊＊

好久沒去東海岸，又到了引頸期盼的社群平臺炫耀時間。以大海為背景，按下數十次快門得到的照片，再加上幾個 hashtag 後上傳的貼文，讓人無比自豪。雖然無法盡情享受波濤的涼爽，不過沒關係。畢竟這是隔了多久才等到的貼文機會啊？

會有這種心理的只有我有嗎？

時間不管我們樂不樂意，依舊會繼續流逝；不過貼文的瞬間，可以選擇我們想要的東西，經過編輯後上傳。我們每個人都至少曾有過一次，在社群平臺上傳所謂「幸福瞬間」貼文的經驗。而其他人也會盡最大努力，想要炫耀自己經歷了多麼精彩的事。然而，他們在上傳貼文後，會有一陣子又回歸平凡的日常生活。說不定也會經歷一些辛苦的事，只是不會顯露在社群平臺上而已。不管是誰，每個人的「貼文冷卻時間」恢復的時間點都不同。所以，我們看到的每一篇貼文，才都充滿全新、值得炫耀的事。

沒有人總是覺得自己的人生是幸福的。許多人在經歷超越平凡日常的快樂經驗時，會感受到幸福。然而，那種事在別人身上也不常發生，就跟自己一樣。所以，我們不必拿他人特別的瞬間，和自己平凡的日常比較，而覺得自己更加不幸。**千萬不要因為捏造出來的自卑感而畏縮**。

在社群平臺上傳貼文，就好像發射煙火一樣。我們只是每個人輪流在發射煙火而已。因為發射的人很多，貼文區才總是光明又華麗。所以，我們只要當成自己在欣賞煙火秀就可以了。偶爾我們也會發射幾枚煙火，為這份華麗錦上添花。

正如同我們的煙火不會因為他人的煙火「更大，還可以連續發射」而消失，在社群平臺上傳多如過江之鯽的炫耀文之際，我們的時間也在流逝，等待著專屬我們的冷卻時間到來。

所以，完全不用覺得沮喪。

不過，你可以變得不一樣

我們活著的今日並不容易。不僅處於低成長時代，還就業困難，薪水也不漲，只有物價不停上升。我們好像已經盡了自己一切所能的努力在生活，但是一想到自己付出的努力無法得到相應的報酬，心裡便充滿了挫折感。

我們似乎太過相信大人們要我們努力讀書考上大學，然後找個好工作的話了。雖然想盡辦法得到了一張大學畢業證書，但它好像無法為我們的人生打造一條平坦的道路。反而是那個高中畢業後，便立刻就業學到技術的朋友，最近開了屬於自己的店，到處被人尊稱為「老闆」——會發達的好像都另有其人。

既然「都大學畢業」了，那麼「像別人一樣」，下一步便應該要就業。但是，沒有職缺。準確來說，沒有不錯的職缺。

有趣又能賺錢，還可以獲得成就感的職缺，儘管翻遍整個人力資源網站也找不到。然後，我便領悟到，問題就在我腦中。

……我有興趣的領域是什麼呢？

我是托特納姆熱刺的鐵粉，也喜歡 TWICE。即便如此，我不僅無法在托特納姆熱刺隊就業，也不可能成為 TWICE 的經紀人。除了跟朋友們打打鬧鬧時覺得開心之外，好像不曾認真思考過，可以讓我奉獻一生，用來當成自我實現管道的東西究竟是什麼。

回顧過去，也沒有人問過我喜歡什麼。如果有個像是蘇格拉底那樣的人先對我說一句「了解你自己吧！」之類的話，我應該就會針對自己好好思考。

長大成人後，身邊的人這才問我：「你不了解自己嗎？」真是的，過去明明從來不曾問過……。他們總說我沒有什麼特別的能力，如果想要餬口，至少要應徵上一家適當的公司，每天心懷感激，盡自己的本分活著。不管是什麼樣的事，重要的是要一邊工作一邊生活。

腦海中突然浮現自己和朋友們的樣貌。輾轉於各種非正職工作間，每天每天都在擔心生計的朋友；在把員工當成「手足」的公司，領著最低時薪過活，偶爾還得做無給薪勞動的朋友；以及，在他們身邊成天抱怨公司無趣，不想去上班的我。為了觀賞托特納姆熱刺隊的比賽而在週末相聚的我們三人，一起分享著兩大杯啤酒，並嘻嘻哈哈地談論著如果能像孫興慜一樣會賺錢，我們的人生會變得如何？突然，我覺得自己非常可憐。即便如此，似乎也沒有什麼反轉的契機——這輩子應該要死心了嗎？

哪怕是現在，我也想要馬上改變，也想要找出自己的夢想是什麼。雖然比起已經就業，生活也很穩定的朋友們晚了一步，不過我也不想要繼續這樣生活，直到死去的那一刻。然而，想要重新開始，實在是令人心生畏懼——會不會其實已經太遲了？這麼做是不是徒勞無功？

雖然有想要改變的意志與欲望，但這次卻又被想像力阻撓了。

「喂！再這樣下去，人生會變得一文不值的。」

聽了眾人的「建議」，我的想像變得更加歷歷在目。

不過，等一下！這個社會原本就不會照顧我們。

我們生活的世界對我們的聲音並不感興趣。就如同「像他人一樣」這句話，就只是希望我們依照那種方式生活就好，不要製造麻煩。而「如果失敗該怎麼辦？」這句話，是在反對我們進行與他人不同的挑戰。

更過分的是，還會用「隔壁的某人」，把自卑感加諸你身上。

如果因為自己目前為止的人生活得太懦弱而感到自責，就抬起頭來吧！說不定我們會這麼懦弱，不只是自己的問題。我們已經知道這個社會是如何打擊我們的意志；也看出不管我們怎麼想，都完全不會造成問題了。

所以，從現在這個瞬間開始的懦弱，的確是源於我們自己本身無法改變態度的問題。重要的是，要能擁有「無法容忍懦弱成為後悔」的覺悟。

先前也提過，**阻礙我們變化與成長的最大敵人，就是對於失敗的想像**。有關失敗的豐富大數據，總生動地展現了那些尚未發生的挫敗。

我們要試著甩開失敗的幻影，專心在眼前的現實，並試著改變。

就算再次失敗也沒關係。

只要掌握原因後，再次嘗試即可。堅定的決心會給予我們再次嘗試的勇氣。

以後，讓我們把所擁有的時間，完全傾注在**自己真正想要的事物**上吧！不論是興趣或工作，也不管會成功抑或失敗，這麼做都會讓我們遇見「不再只會出一張嘴的自己」。

Level 3

嘴砲啊，抬起頭吧！

我們真的做錯事了嗎？

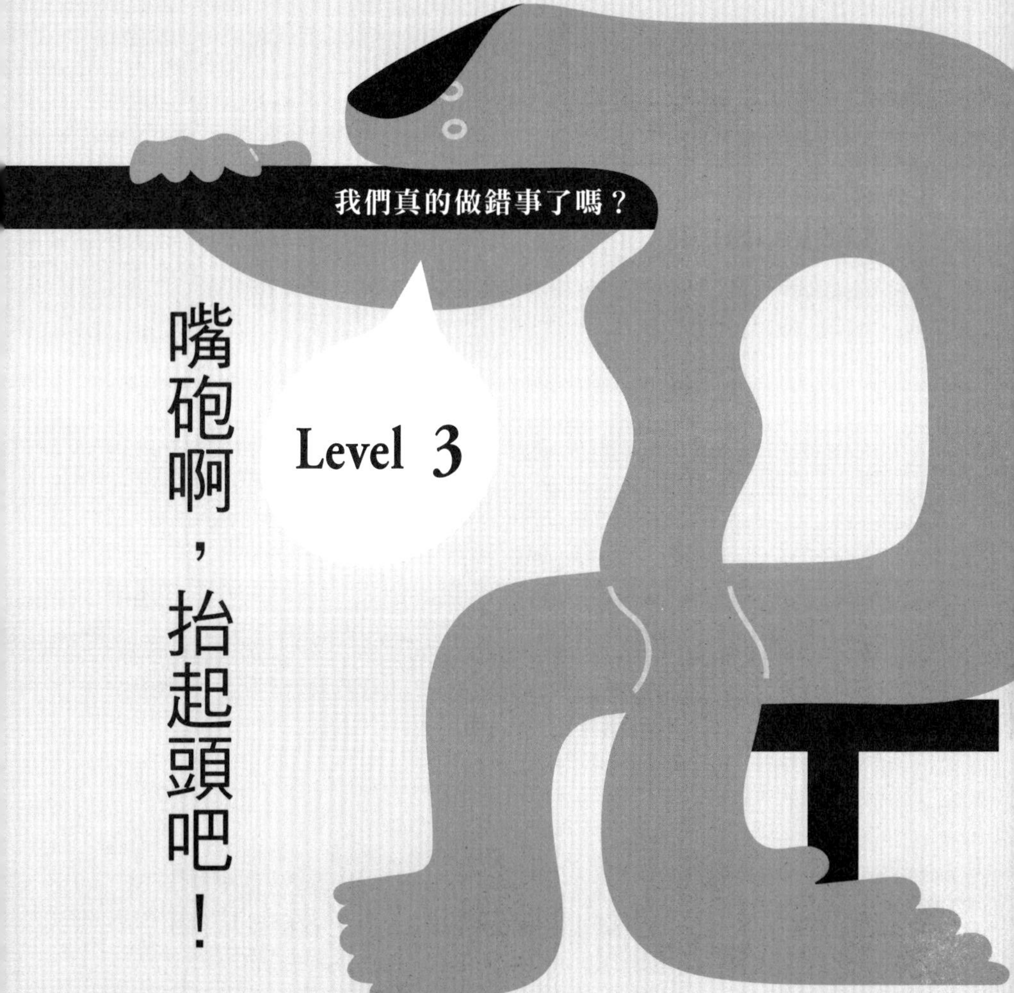

奔跑途中受傷，是人生的家常便飯。
用浪漫藉口遮掩、拖延治療，傷口只會惡化——
休息，就是休息。

我們的時機還沒到

大學入學考試結束後，常常會看見令人惋惜的新聞報導，內容是與對成績感到悲觀而自殺的考生有關。

「大學入學考試根本就沒有想像中的那麼重要，不過當時卻都以為那就是人生的全部。」

「如果真的覺得成績有點遺憾，重考也不失為一個好方法。」

大學畢業後，展開社會生活的人，大部分都會這麼想。回首過去，就算比別人多花個一、兩年重讀，從長遠來看，也絕不會因此落於人後，不過在當時，那一、兩年的差異真的感覺非常大。

「要考上好大學，才能找到好工作，過得有聲有色！」

大人們總是這麼說。高中時，我們能選擇的選項，只有大學入學簡章上列出的大學和科系。為了稍微拓寬自己的選擇範圍，好的成績是必要條件。然而，就算擁有好成績，也會擔心無法維持；萬一成績下滑，又害怕那分數會直接反映在大學入學考試成績單上，因而感到提心吊膽。我們之中，大部分的人都很少對自己的成績滿意。

越是陷入悲觀的情緒，視野就會變得越狹窄。我真的能考好大學入學考試，進入理想中的學校嗎？萬一考不上理想的大學，必須重考好幾次，那該怎麼辦？光是想到這種生活還得再持續好幾年，整個人就被不安的情緒包圍——不但完全沒有任何想法，而且肯定也得看家人的臉色。就算想要向現實妥協，挑一所符合自己成績的大學就讀，卻又好像無法在未來從事自己想要的職業。

就這樣，我的人生未來似乎荊棘遍佈。負面的想法接二連三浮現，腦中已經完成了好幾部結局為失敗的劇情。

我人生的完美結局，應該連奇異博士都找不到吧？

甚至在我們之中，也有人因為想像力太過傑出，做出了令人惋惜的選擇。這不只是大學入學考試，也是將青春奉獻在各種考試上的準考生會發生的故事。

人生不會如想像中順遂。

假設我們在大學入學考試中得到好成績，進入好大學就讀。這麼一來，往後的人生就會是燦爛的康莊大道嗎？絕對不是。為了進入好職場，我們又要再次付出更更更多努力，但是就算這麼做也無法保障我們的幸福。在戰勝超高競爭率進入大企業工作的人之中，因為工作跟自己的性向不合而辭職的人不知道有多少？「跳準生」[1]這個詞可不是無緣無故出現的。在親身經歷之前，我們眼裡都只看得到優點。但只要進入大家口中的「好公司」，或是成為人稱「鐵飯碗」的公務員，就能解決人生的大問題，以後就只剩下幸福的事了嗎？人們都認為對身體好的藥，如果和自己的體質不合，也會成為毒藥。

1 譯註：指為了跳槽去更好的公司而準備離職的人。

儘管如此，屬於我們的時機終究會來臨。

可能會有一些人因為每一件事都能順利解決，而覺得現在就是自己的全盛時期。然而，這樣的時機無法保證未來也能持續下去。黑暗的不幸時期不論何時都有可能找上門。相反地，也有人過著在社會底層掙扎的人生，覺得這輩子已經完蛋了。但是，我們的人生成功與否尚未有定論。人生是上坡與下坡的延續，只是時候還沒到而已。

實際上，確實有許多撐過長久無名生活，後來受大眾喜愛的名人，他們的故事不是常常被介紹嗎？

這句話說不定會被這樣反駁——

「那也是因為那個人從一開始就有能力才有可能辦到，而且他不是也遇到了好時機嗎？」

「像我這麼平凡的人，他的故事不適合套用在我身上。」

「現在不知道還有多少人在黑暗中摸索，居然還在談論這些少數案例？」

當然，逆轉人生的人並不多。但是，就算有很大的差異，機會也有可能降臨在我們身上。即便我們無法進入好學校就讀，或是沒辦法找到好工作。我們的人生在一切結束之前，都不算真正結束。還有，**我們心中認為的失敗只是瞬間的過程，而不是最終的結果**。就算公務員考試落榜了好幾年，誰知道你會不會在未來成為人氣作家、王牌業務，或是股票市場的大戶呢？

「請不要自責，這不是各位的錯。只要繼續努力，就算僅是照著平常的做法，這段時間沒能獲得的慰勞和報酬，一定會來到各位的手上。」

這是經歷過長久無名時期，直到最近才發光發熱的演員吳正世先生，在得獎感言中說的一句話。

我們面前肯定有很多機會在等著我們。不用因為已經過去的事情而感到自責。只要相信自己，往前踏出一步，遇到機會的那一天肯定會來臨。

抬起頭，看看鏡子中的自己吧！

首先，需要掌握現在的狀況。準確來說，就是要觀察自己的意思——我們比起想像中，還要更不了解自己。

準備大學入學時，我寫下了第一篇自我介紹。想要填滿所有的空格，實在是非常困難。絞盡腦汁想到的，大概只有我的《英雄聯盟》是黃金等級，還有以「打野」為主要工作？我身上擁有以坦克裝備為主進行遊戲的奉獻精神，還有就算面對隊友的不滿也毫不動搖的堅強精神——沒有比上面這幾句話更能描寫我這個人了，但是總覺得不能寫在自我介紹上。雖然我自認為度過了愉快的校園生活，也很認真讀書，不過若是拿這些來描述我這個人，看起來好像沒什麼衝擊性。

為了考上可以順利就業的科系，我急忙裝飾自己。以到處搜尋得到的情報為基礎，創造出我關心的事。就這樣，我一夜之間成為對半導體擁有強烈興趣的孩子。雖然有點不放心，不過因為這樣很快就填滿了自我介紹，所以也覺得很滿足。若還想要認真探索未來出路，得跑的行程實在太緊湊了，暫時把這件事延到考上大學之後再說吧！

找工作的時候也一樣。原以為可以在知識的象牙塔中，發現真正的自我，但事實卻是——忙著累積多益和學分、證照等資歷。

每一家公司要求的，果然都是「只屬於我的故事」，不過這次也一樣沒什麼可以寫。以為能拿來凸顯自己的證照和英語能力成績，到頭來不過只是賦予了撰寫自我介紹資格的條件。

雖然自認已經很努力在準備了，不過大概還有很多更優秀的人，結果我得到的僅僅是堆積如山的書審落榜經驗。而那些我以為跟我一樣都在玩樂的大學同學們，憑著公開徵稿比賽得獎或在大企業實習的經驗，一個個都在畢業後成功找到了令人稱羨的好工作。原本認為自己投資了和朋友們等量的時間，但沒想到人生的濃淡卻大不相同。

我也能找到一份好工作嗎？眼前突然一片茫然。

接著，我冒出一個疑問。

我心中所謂的「好工作」究竟是什麼？大企業？超高年薪？雇用穩定性？優越的福利？

儘管想要找到一份好工作，但卻從未定義「好」的標準。直到現在才體悟到，對自己的觀察有多麼不足。

自己找出喜歡事物的過程肯定不簡單，如果稍微去嘗試，還有可能因而陷入苦惱。但若是連苦惱也不曾，直接被他人說的話影響，這不也是我的選擇嗎？對過去感到後悔，並埋怨其他人這種事，就到此為止吧！怪罪別人的行為，這樣已經夠了。

從現在開始也好，找回對自己人生的主導權吧！

首先，要站在客觀角度去檢視「我」。

擺脫被身邊人影響的過去生活吧！若總是配合著別人的意見與視線，「我」將會從自己的人生中消失。不能重複這種失誤。

客觀地審視自己，就能理解「我」；若是好好認識「我」，我們就能再次過著擁有主導權的生活。

試過再後悔比較好

過去，不論願不願意，都必須朝著名為入學考試或就業的目的地狂奔，我們過得並不幸福。說不定那還是讓人一點也不想重新經歷的辛苦記憶。

現在，我們很清楚之所以會那樣的理由是什麼了——

因為找不到自己想做的事。

因為衝刺的理由不充分。

首先，我們來看看兩則故事吧！

＊　＊　＊

司隆皮雅比來自柬埔寨。學生時期的夢想是成為一名醫生，不過因為家境貧窮，只好半路休學，幫助父親務農。後來，她和透過熟人認識的韓國人丈夫，在二〇一〇年結婚，成為移民到韓國的平凡新住民。

丈夫為了安慰妻子因為異國生活產生的寂寞，帶她去了一趟撞球場。這成為徹底改變她人生的契機，皮雅比發現了連她本人都不知道的意外才能。後來沒過多久，她便橫掃全國的業餘撞球大賽，並在二〇一七年正式登錄為選手。

那之後，她曾在世界錦標賽上獲得第三名，也在亞洲錦標賽上寫下第一名的紀錄，創造成功蛻變為世界級選手的神話。在鮮少有世界級運動明星的柬埔寨，她的地位可以媲美「韓國的金妍兒選手」。皮雅比成為母國孩子們的希望，也致力為居住在韓國的新住民女性展開活動。

萬一當時沒有打過撞球，就不會有現在的皮雅比了。

＊＊＊

我喜歡的是什麼呢？

就算坐在書桌前想了一百天，老天爺也不會哪天突然賜予我特別的能力。

如果還沒找到自己喜歡什麼，就得透過多種經驗去尋找。擅長的、喜歡的事，如果沒有親自去做，就無法得知。

我能做得好嗎？我喜歡這個嗎？

試著把苦惱和猶豫往後推延一次吧！

雖然現在答案沒有人知道。但只要先開始去做，你的心就會告訴你這個問題的解答。

近來人們有很多機會可以嘗試任何事情。一日課程幫你只要打開應用程式就能毫無負擔地踏出第一步，同好會更多如天上繁星。若想再更進一步，也有多種可以獲得國家經費支援的在職業教育或實習課程。

當然，「喜歡的事」不一定可以獲得成功，但如果像這樣繼續尋找喜歡的事，應該可以稍微提高把「喜歡的事」變成「擅長的事」，甚至「成功」的機率吧？

接下來是我們社區的胡安馬塔大哥的故事。

＊　＊　＊

馬塔哥在二十五歲時，就像許多宣稱要考公務員的人一樣，成天沉迷於網路漫畫。結果對《梨泰院 Class》主角的憧憬，激起了他對餐廳創業的興趣。結果，他果斷地結束了準考生的生活，正式開始準備投身餐飲業。

馬塔哥還算是滿認真的。他先從餐廳工讀生做起，學習廚房相關的工作；還投身裝潢工程業，培養對餐廳裝潢的美感，甚至進入廣播通訊大學就讀，一邊主修經營學，一邊累積有關餐飲事業的知識。一開始我們認為他只是一時衝動，但在看到馬塔哥那麼努力認真準備事業的樣子後，都開始為他加油打氣。

就這樣，馬塔哥傾盡了畢生心血，開了一家烤肉店。

然而沒過多久，卻不幸倒閉了。

馬塔哥的餐飲業挑戰記畫下了失敗的句點，但他並沒有沉浸在悲傷之中，反而把失敗當成轉禍為福的契機。那些在做生意過程中，親身累積的經營管理、營業、行銷、流通的直覺，成為了這位大哥穩固的資產。

之後馬塔哥在就職的磁磚流通業裡，充分運用了自己的經驗。他能向身為交易對象的餐廳老闆們，提供符合狀況與需求的產品，並因而得到認可，很快便適應了新的工作。

＊　＊　＊

為了找到真正喜歡的事，需要各式各樣的經驗。雖然有像皮雅比一樣，能找出連自己都不知道的傑出才能，獲得顯著成功的例子，但這種英雄故事也非常有可能屬於不符合我們參考的情節。不過，我們也還能像馬塔哥那樣，自己一一經驗想要做的事，在不知不覺間拓寬視野，最終具備了專業能力。無法保證做喜歡的事情一定能成功，但是在那個過程中累積的實力，可以找出我們喜歡的事。

各式各樣的經驗很重要？好，我們已經充分了解了。

問題是，那些還不習慣開始某件事的人。

嘴砲們從要扣上第一顆扣子開始就非常困難。就算運氣好，可以找到喜歡的事，但是強烈的**厭世主義**卻會阻礙實踐。

總之先開始再說吧！接下來就會自然而然地發展了。實踐也是一種能力，常常使用的話，就會變得熟練並有所長進。

從現在開始，我們要在人生的這幅畫上，用自己喜歡的色彩上色。至於別人的指點，只要參考就好了。

就算需要重新再塗幾次，至少先照著自己的感覺去做，以後才不會後悔吧？

累了可以暫時休息，只要不用浪漫來包裝就好

雖然不知道自己該做什麼、喜歡什麼，但是總覺得不能再這樣下去，於是開始胡亂掙扎。然而，毫無方向的掙扎，只會浪費力氣——結果，現在好像真的連一絲掙扎的力氣都沒有了。

整個燃燒殆盡。

什麼都沒做，居然就已經精疲力盡了！

還未努力做什麼，力氣就完全耗盡，簡直是面對了更大的挫折……不對，這真的是力氣耗盡了嗎？那不是應該要拚命去做過些什麼，才會有的感覺嗎？這一點我自己也不太清楚，只知道我希望可以一直接受營養液之類的注射，一輩子躺在被窩裡都不出來。

當身體和心理都十分勞累而出現力氣耗盡的感覺時，應該要怎麼做呢？這時已經連原本都沒有的所有力氣也用光，所以根本已經聽不見「把失敗當基礎成長」這句話了。

不管會不會失敗，這都是我自己的人生，請不要再多管閒事了，好好去過你自己的生活吧！因為我再也做不下去了！

結果，就此宣布放棄人生這場比賽。

然而，只要是出生在這個世界上，我們的比賽就不會結束。因為不管要用爬的、走的、跑的，還是需要回頭再走一次已經走過的路，人生都會繼續下去。

我們不能忘記，每個人被給予的路線都不同，分出誰是第一不是目的，就純粹是讓我們走完各自該走的路而已。所以，不論多少，我們都有可以選擇的選項，那就是**「中途休息」**。

休息絕對不是最糟糕的事，反而是為了跑完全程的必要選擇。

如果已經用盡體力，那就一定要休息。甚至要休息到不會冒出「休息一下就會有好方法吧……」的程度。就像想在手機的電力岌岌可危時，盡快充飽電力，就得先關閉電源再插上充電器那樣，我們必須**全心全意專心休息**，不讓任何雜念妨礙我們的精神。「我要一邊休息，一邊做各種嘗試！」這種模稜兩可的想法只會拖延我們恢復的速度。

不過，還是得顧一下面子吧？一聽到我們要休息，人們對我們的注視總讓人感到很不自在。

「你是存到了一點錢，才想要休息嗎？」

「如果有人問我，你在休息的期間做了什麼，我該怎麼回答？」

我們身邊真的有很多「擔心」我們經濟和就業的人。一旦我們想要休息，就會被蜂擁而至的關心包圍，讓我們產生好像自己是失敗者的不安心情。於是，又急忙地加了一層像樣的包裝紙——**浪漫！**

沒錯，我是為了擺脫日常的無聊，去尋找浪漫，才鼓起了離開的「勇氣」。像我這樣鼓起勇氣，也不太容易。

「各位，保重！我要擺脫這個世界所有的枷鎖與束縛離開了！」

不過，我也知道，這些都是想要休息而做出的舉動。

休息的目的不是一輩子躲進山裡，成為山林野人後，某天出現在電視上。只是因為當下的身體和心靈真的太過疲累，再也沒有力氣可以動彈了，想要休息一下而已。等待著一個禮拜——不，一年後，會重新擁有嘗試什麼的力氣。

換句話說，休息不是一件壞事。

人生這場漫長的比賽，怎麼可能一直用跑的比完全程？必須適當調整不讓自己超速，才能繼續比賽。我們必須謹記——這場彷彿被強迫似地，讓我們氣喘吁吁的比賽，不論如何，最終還是能憑著我們的意志停止，而且，也能重新起跑。

不要害怕。就算我們暫時坐下來觀察周遭，這場比賽也不會因此馬上結束。相反地，我們可以看清自己正在走的路線是什麼模樣，以及周遭的景色如何，同時整頓自己的呼吸。除此之外，這也可能成為得以知道該往哪個方向走的絕佳機會。

所以，如果不是打算把人生目標變成在深山中煮石頭大醬湯維生，我們就需要坦誠面對「休息」這件事。從因休息而生的自責與他人目光中解脫，只專注在讓自己盡快恢復，才是更加賢明的選擇。

我們的身體和心靈不是機器，就算重新塗上潤滑油並換上零件，也無法一下子就修好。為了真正恢復，需要一些時間。沒有治癒的時間，我們的身體便無法恢復。

你曾在比賽途中，因為扭到而受傷嗎？是否比起疼痛，更是怕丟臉才硬板起一張撲克臉？

在奔跑的途中受傷，是人生的家常便飯。

如果不處理受傷的部位，反而用浪漫遮掩、一再拖延治療，傷口自然會惡化。

辛苦的時候，休息一下也無妨——不對，必須要休息一下再走。

重要的是，要好好休息。

暫時看一下右下角的頁數吧！令人驚訝的是，已經超過一百頁了。光是單純從一數到一百，也是很難堅持下去的事，真是辛苦了！

如果各位今年的目標清單中，有一項是「讀完一百頁的書」，恭喜大家已經達成了。

照此下去，就可以再達成一項「讀完一本書」的目標。如果各位定下了一個目標，只要像這樣一點一點達成即可。

如今你已和我一起順利通過了「Level 3. 累了可以暫時休息」。現在，是時候該更上層樓了！從下一頁開始，就要正式進行「擺脫嘴砲大作戰」。

在此之前，且讓我們暫時花一點時間，集中力量吧！

去一趟廁所、喝一杯水，在開始擺脫嘴砲之前，稍微喘口氣。

來吧！休息時間。

起來吧！是時候該實行了！

Level 4

嘴砲逃脫大作戰

沒有熱情的目標，
就像風中殘燭，很快會熄滅——
我們需要一堵不讓它熄滅的防風牆。

至今還是嘴砲的理由

「虛假滿足」的陷阱

為了治療癌症，需要將腫瘤摘除。雖然能用止痛劑暫時壓抑痛苦，不過這並不代表已經從根本治癒了癌症。我們這群嘴砲的心中，大多罹患了名為「怠惰」的癌症。我們都知道這顆腫瘤讓我們始終無法脫離嘴砲的身分，還使我們的生活變得更辛苦。但是，我們沒有得以去除腫瘤的足夠意志或勇氣，我們還是懼怕疼痛，所以持續服用著止痛劑——一種名為**「虛假滿足」**的止痛劑。

準考生時期，每個人一定都聽過網路線上課程。每當一個單元結束，增加的進度就好像將自己的內力也跟著升級，帶給人欣慰的感覺。彷彿只要進度達到百分之百，成績也會跟著提高。然而，那個數字並不代表我們的理解度，而只是一種讓人感覺到「我今天也讀書了！」的虛假滿足。

閱讀書籍的時候也一樣。我們認為自己會在閱讀時，領悟到一些新的事物。在差不多在讀完一整本書的時候，才好像可以真正稱為「現代社會的知性分子」。然而，我們的目標不是讀「懂」一本書，而是讀「完」一本書嗎？與其說是在理解字裡行間的意義，不如說比較像是小時候在社區的速讀補習班比賽一樣，急著要盡快翻到下一頁，蓋上書本的瞬間，便心想：「讀完一本書了！」接著沉浸在今年讀書量增加的滿足感中。但是到了年底，我們已完全想不起那本書的內容。

為了幸福，滿足感非常重要。但也請不要被虛假的滿足欺騙了——一邊播放線上課程一邊觀賞 YouTube；或是在速讀補習班看著老師的臉色，快速轉動眼珠的方式，並不能讓我們擺脫嘴砲。如同光是吃止痛劑，無法除去惡性腫瘤，以虛假滿足努力閃躲的怠惰，只會讓我們依舊停留在嘴砲的身分。如果想要擺脫支配我們身體的這種根本怠惰，成就一些什麼事，就該不斷嘗試。就算現在看起來稍微更加辛苦，成果來得更緩慢也一樣。

不過，我們真的是正在為了發展而進行嘗試嗎？還是被名為滿足感的甜美給欺騙了？

為了把成長的陣痛與苦澀拋在腦後，今天的你是否也添加了名為「虛假滿足」的甜蜜配料，正在毀滅自己呢？

我的努力不會帶來即時獎勵

所以就說努力是相對的嘛！

如同愛因斯坦的相對論，各自有多少努力，是相對的。但是，無關努力的多寡，在此有個不變的真理——「努力不會背叛我們！」

只有我們會背叛努力！

話說回來，我們為什麼要背叛努力呢？努力是欲拒還迎的高手，不管我們再怎麼用力拉扯，它都彷彿始終不會被拉近一步。碰上疲於補償、若有似無，這種令人心急如焚的狀態，大部分的人都會轉身離去。

努力，只會在付出誠意，時常出力拉動時，才會靠近我們一步。

換句話說，**努力不會帶來即時的獎勵**。

減肥也是一樣。如果花一個小時認真運動，就能減去一公斤的體脂肪，相信不管是誰都會認真運動。但是，現實並沒有那麼簡單。

不但要在下班後拖著疲累的身體，前往健身中心認真運動；原本壓力大時會吃下肚的披薩、炸雞、辣炒年糕，短時間內都要說再見了；負責讓火熱週五更加精采的小酌聚會，也好一段時間不會再出現。如此一個禮拜後，我滿心懷著「體重究竟減了多少？」的期待，站上了體重計的結果……

難道期待也有重量嗎？

或許是因為抱有太大的期待，我的體重始終沒有改變。雖然教練曾說，這是因為體脂肪減少，肌肉增加的緣故，但體脂肪也幾乎沒有變動。我以為自己已經很認真、努力了，卻沒有得到任何變化。蜂擁襲來的懷疑，更捲走了我難得燃起的熱情。

放棄減肥。

「哎呀，才努力了一個禮拜，就期待有什麼變化，這樣也太過分了吧！」應該會有人這樣批評我。

既然如此，就來看看大家各自在年初訂下的計畫吧！

你有相信努力直到最後，而且還在努力中嗎？還是背叛努力，只是帶著取巧的心理，希望事情會成功？

無論是如何，如果想要堅持實踐，就得接受「努力」這個傢伙眼光很高的事實。努力不會背叛我們，總有一天會帶著豐厚的報酬來到我們身邊。所以，相信它，並享受過程吧！

但是，對於嘴砲們來說，這真的不簡單。

因為想像力

二十一世紀，人類藉著名為想像力的強力武器，正在創造新的文明。過去那個需要花費好幾天，才能透過書信傳遞消息的時代已經過去了，現在可以用即時訊息軟體代替。太空船、智慧型手機、汽車、冰箱等，這些我們覺得理所當然並享受著的物品，其實都是想像力的產物。

但是，**想像力有時候會妨礙實踐**。正如先前所說，由於「害怕失敗」的社會文化，嘴砲們總會先想像失敗的樣貌。

「反正報名了也會落榜，交出資料又有什麼用？」

就業準備者中，有些人會因為覺得最後終究落榜，連應徵都不應徵。為了就業，第一步便是撰寫應徵履歷，但是想像力總是讓我們不斷感受到失敗的苦澀，結果連「這次說不定輪到自己」的錄取機會也放棄了。

我們這些嘴砲們真的很創新，就算身處相同的環境，也各自有著不同的思考方式。有些人因為害怕失敗而不去挑戰；有些人因為覺得就算努力實踐取得成功，也不會得到豐碩報酬，選擇提早放棄。我們總是不斷創造出拒絕實踐的合理、創新的理由。

上班族們看著不斷飆出新高的房價，想像自己未來數十年就算再努力工作，也無法買下一個屬於自己的小窩……這樣的想法會使我們無故變得憂鬱，並且喪失熱情。光工作一年都覺得很辛苦了，更別說那股就算再努力三十年，好像也不能擁有什麼的無力感。於是，我們決定什麼都不做，只要過著安分知足的生活就好——就這樣放下一切，也放棄實踐。

嘴砲們的想像力果然如同愛迪生或伊隆馬斯克一樣傑出。只是，有些人的想像力會用在改變世界；但與之相反地，我們這些嘴砲的想像力，今天也盡全力地阻止我們人生的發展。

我沒有實踐的經驗耶？

新的冒險總是令人害怕——那條從未走過的路上，不知道會有什麼危險在等著我們？於是嘴砲們出於本能，為了生存下去而探索各種變數。

嘗試新的事物時也很相似。因為恐懼，心裡總想著：「我能做得到嗎？」而懷疑自己。就這樣，我們這些嘴砲，直到最後也無法去實行。

然而，某些人到現在都還堅持不懈地嘗試，並且獲得了成功。

從實踐得來的經驗——這是區分成敗的鑰匙。

用心努力而嘗到成功滋味的人們，會立刻朝向下一個目的地衝刺。但大部分的嘴砲都沒有試著去做，所以更無法實踐。而且，這次做不到，下次也做不到。什麼都不做的結果，便是一事無成。

做不到的理由是什麼？五分鐘內可以找出大概一百種。

成與敗間的最大差異，就在於有無「嘗試實踐的經驗」。

實踐成功的經驗會延續為下一次的嘗試。因為沒試過，所以無法實踐，結果這次不去做，下一次也做不到。為了遮掩什麼都沒做的自己，便找了各種做不到的理由自我掩護。

我們每年捐錢給全國的健身房，也是相同的脈絡。每年一月，健身房就彷彿通勤時間的地鐵二號線列車，人多到無處可站。大家好像都從新年第一天開始，決心管理自己的健康。但是，我們很清楚，一個月過去，你我都會苦惱著：「該什麼時候去拿回放在健身房的鞋子？」同時也會在網路上瘋狂搜尋，現在辦理退費可以退回多少錢。我們不是不去，而是實在無法再持續下去了。

畢竟要想一個「不能」去的理由太簡單了——

「今天剛考完試，就翹掉一次吧！」

「昨天有聚餐，如果今天去運動，可能會吐？」

「今天對人類來說，真的太冷了！」

「健身房的那些肌肉大哥太可怕了……」

「天氣也太好了吧？這種天氣居然要去健身房報到？」

沒錯，其實不是「不能」去，而是不想去。在最近這種新冠肺炎疫情期間，正適合創造「不能」去運動的藉口。

然而，現在還是有人努力在家健身，提高1RM[1]的實踐力。結果，**會做的人不論如何都會去做**。

以及其他無數顯而易見的理由

讓計畫泡湯的除了因為體力不足、努力的過程不如想像中有趣，所以無法持續實踐……之外，還有其他許多「顯而易見的理由」。

持續努力就能夠成功？但是，身邊成功的人並沒有想像中那麼多——持續實踐好像真的是一段困難的過程。我相信一定有人在閱讀這個章節時產生同感；相反地，一定也有人認為：「他們到底又有多了不起，居然這樣訓斥我們？」並因而感到不舒服。

換句話說，正在寫這種文章的我們，也是韓國的嘴砲代表。我們也找各種藉口，像吃飯一樣稀鬆平常地放棄實踐並拖延該做的事。我們無數次後悔著——早知道當時就不要放棄，繼續做下去了。

但是，我們不想變得生鏽老舊，至少也要是在努力生活的同時慢慢自然消逝。為了尋找方法，我們不斷苦惱著，並且經歷過無數次施行錯誤。我們這輩子至今背負著「要怎麼做才能脫離嘴砲？」的疑問。在這段期間，偶爾也會似懂非懂地想出一些點子。

重點是，必須解決缺乏實踐能力的問題。

1 譯註：One-Repetition Maximum，一次最大反覆重量。

嘴砲逃脫準備

不要再自我憐憫了

從幾年前開始，韓國便流行著湯匙階級理論。從金湯匙到泥湯匙，存在著各種階級，而我好像屬於泥湯匙——現在才剛還清學貸，可是身邊的朋友已經買下了自己的房子，甚至還買了好車。與其他順遂的朋友比較後，我陷入了憂鬱。

曾經聽人說過，百萬富翁有百萬種煩惱；千萬富翁有千萬種煩惱——擁有的東西越多，便會出現新的擔憂。但是，就算擁有千萬種煩惱，我還是想要成為千萬富翁。如果錢很多就好了——我們總認為，活在這個世界上所產生的煩惱，可以用錢解決。

在思緒雜亂、身心疲勞的日子，總會感到人生很空虛，覺得自己設下的目標都沒有意義。因為就算達成了，寒酸的人生應該還是會繼續下去——這麼一想，突然就什麼事都不想做了。

所以，我偶爾會去書店，尋找一些心靈療癒書籍，想要確定不是只有我一個人在辛苦，同時也為了在艱困狀態下能夠獲得同感。然後，繼續覺得自己可憐，並不斷告訴自己「偷懶也沒關係」、「不做任何事也沒關係」。

「我真的是個可憐的傢伙……。」

果然，在辛苦、憂鬱時，沒有比**自我憐憫**更好的東西了。

如果不用同情來安慰自己的心情，就會尋找起埋怨的對象，認為現在之所以會不幸，絕對不是自己的錯，而是因為身邊的人或環境的緣故。

甚至還會把埋怨的箭射向父母——

「爸媽要是好歹有在首爾幫我買一間房子……。」

「小時候如果送我去留學，我說不定就能在谷歌上班，過著富裕的生活。」

好吧！就當作我們身處環境惡劣，過去也很不幸——這實在是太令人惋惜了。不過，未來總不能一輩子都陷在這種惋惜之中，過著把「什麼都不做」的選擇合理化的生活吧？

你正在把過去的不幸當成理由，拒絕開拓未來，並持續埋怨嗎？同情自己並埋怨他人，並不會改變任何事情。

這麼說讓我像是不在乎個人情況或傷口的冷血之人嗎？不過，這也沒辦法。透過自我憐憫得到的安慰和平穩只是暫時的。正因為不想繼續不幸下去，所以要直視現實。

比起任何人，要先為了自己。

經歷過辛苦的事情後，如果心靈出現傷口，就會需要安慰，也需要休息。但是，如果就這樣開始自我憐憫，絕對無法從過去脫身。昨天是已經過去、不復存在的時間。如果想要真正有所變化，想要過上真正更好的生活，就必須將注意力集中在今天和明天。

從現在這個瞬間開始，讓我們試著擺脫嘴砲的處境吧！

為了吃飯，得先把飯盛好。

不能只因為我們的湯匙不會閃閃發光，就讓自己挨餓吧？

沒有太晚開始的年紀

西元一九六二年，英國和法國為了一起開發世界上第一架超音速客機——協和號，投資了十億美元。協和號比起當時既有的客機，可乘載的旅客人數較少，燃料消耗也更多，所以雖然速度很快卻一點也不經濟的協和號，並未受到旅客們的喜愛。

雖然造成了連續的赤字，但是英國和法國卻沒有放棄協和號，因為一旦宣布放棄，就必須接受「承認失敗」所造成的種種負擔。然而在二〇〇三年，因為長年累積的赤字，最終還是讓協和號中斷飛行。自此，協和號的故事在經濟學上，成了說明「沉沒成本」的代表案例。

「唉，再也做不下去了。」

「我真的下個月就會辭職！」

有些人總無法滿足於自己的出路。但這些人就算後來才發現新的趣味或才能，也無法輕易放手挑戰，因為他們覺得自己已經走過的那段路太可惜了。好不容易選擇的主修，事到如今才要改變，已經投入的金錢和時間實在太可惜了；儘管想要辭去目前的工作，卻又覺得一路累積的經歷好像會在一瞬間崩塌歸零，所以無法鼓起勇氣。那麼，只好放棄新的挑戰，繼續做目前正在做的事了。

「不，我要去做。」

「我會辭職，不過先做滿今年吧！」

結果，今天也只是出一張嘴。

協和號的故事是在婉轉地告訴我們，如果擔心沉沒成本而放棄變化，將會遭受更大的損失。

世界上也有些人與此相反，毫不在乎年齡，勇於挑戰新的事物。例如：每到大學入學考試的時候，常常會看到一些夜間部學生的訪問；最近也不難看到成為YouTuber，展開新生活的大人。

你也想要嘗試新的挑戰，但是常常會有「總覺得太晚了」的感覺？究竟，「太晚」的標準到底是什麼呢？年紀？結婚與否？還是，快退休？

根本沒有人可以正確回答這個問題。這麼做也只是在把無法挑戰的原因，用「太晚」這個理由來合理化。

沒有挑戰的勇氣才是真正的問題。「太晚」只是一種假象。

我們在每個瞬間，都能夠抓住新的機會。所以，暫時收起「已經太晚」的擔憂，勇敢挑戰吧！沒有所謂太晚起步這件事，在我們面前，只有選擇的瞬間與將改變的未來。

究竟有誰知道，現在是不是做出人生最佳選擇的瞬間呢？還有，整個宇宙的氣勢會不會幫助我們？

幸運女神可是擁有萬種面貌。

把失敗視為成長

相信大家多少都曾有過，向單戀的人告白後，卻被拒絕的經驗。如果沒有，那真的很令人羨慕。被喜歡的人拒絕，會讓人感受到彷彿失去全世界的傷心。從「早知道就停留在朋友身分」的後悔開始，甚至會用「還不是時候」來合理化自己的失去，腦袋中冒出許多想法。**盡情後悔吧！**時間過去之後，會留下比想像中更高興的回憶。

愛情上的失敗有各種理由。可能真的是自己不怎麼樣；也有可能是在雙方認識的過程中，曾經犯下了錯誤。

我們身邊總會有一名戀愛高手，他們可能甚至不是擁有極品體格的極少數。定期和我比賽誰最醜的朋友——羅納迪諾是女人心狙擊手。迪諾的戀愛空窗期一直都不長，究竟是什麼讓總是在外貌排行榜上敬陪末座的我們兩人，在戀愛的成績上卻有著天壤之別？

喂！他跟你可不一樣。

不只幽默、細心，而且很懂女人的心理。分手之後，總是會思考並研究自己有什麼地方還不成熟。就說努力比較重要，長相不代表一切嘛！聽曾經跟他交往的人說，當兩人感情正好的時候，連他的牙齦都讓人覺得很可愛。

我請迪諾喝的安慰酒，好像已經足足有一卡車之多。我認為在離別之後，總是藉酒療傷的迪諾，每次都會找出失敗的理由，藉此進一步成長。不只是戀愛，人生也一樣。從失敗中找出問題並試著解決的人，如今也正在持續成長中。

迪諾現在也戀愛中。

只會躺在床上淚濕枕頭，不甘心地猛踢被子的我，和迪諾比起來確實有很大的不同。

不管理由是什麼，只要在那次失敗中掌握原因，並在下次表現得更好即可。戀愛的失敗雖然會留下悲痛和傷口，但是依靠「踩著失敗成長」這種陳腐又偉大的真理便能度過——工作時也適用。

＊＊＊

我的朋友——穆里尼奧夢想著成為業務王。他迫切希望自己可以促成大規模的交易，花了五年的時間在業務界打滾，朝著成功衝刺。但是，由於被拿來和實積比自己還優秀的人比較，壓力降臨在了他身上。結果他便辭職，重新找了一份從前不怎麼有興趣的「行銷職務負責人」工作。在新的公司裡，穆里尼奧比想像的還要更快適應業務。他企劃的商品創下了最高銷售的紀錄，而他也在短時間內，被認可為重要人才，站穩了腳跟。

這麼說來，穆里尼奧從事業務工作的那五年，都被浪費掉了嗎？他的決定可以被認為是失敗嗎？

「時間」可能是有些可惜，但穆里尼奧反而多虧了那段時間，得以成為一個成功的行銷人。因為他在從事業務工作的同時，獲得了與客戶溝通、掌握客戶需求的洞察力。

若只將那些經歷認為是失敗，而一直感到挫折，就會什麼都做不了。

就算陷入失敗的泥淖，也要在裡面找到可以成長，並拿來好好表現的事。這麼一來，那段時間所累積的努力與能力，就會慢慢把我們拉出泥淖。

重要的是經驗，先開始再說吧！

也要試著去失敗，只要利用失敗的養分成長就可以了。

讓我們脫離無助的啟動按鈕

習得無助感（Learned helplessness）的概念，是從心理學者馬汀．塞利格曼的小狗實驗中誕生的。

塞利格曼將小狗分成三組進行實驗——

第一組：接受電擊，但是小狗若用鼻子按下按鈕，就可以停止電擊。

第二組：接受電擊，但是不管小狗做了什麼努力，也無法停止電擊。

第三組：不施加任何衝擊。

接受互不相同的三組實驗的小狗，在二十四小時後，再次進入了實驗箱。這一次實驗箱裡用隔板做出區隔，分成施加電擊的區域和可以避開的區域。第一組和第三組的小狗會越過隔板躲避電擊；但與此不同的是，第二組的小狗們只會蜷縮在角落，毫不反抗地承受電擊。這是因為這些小狗在先前的實驗中，已經「學習」到自己不管做了什麼努力，電擊也不會停止。因此牠們認為，憑藉自己的意志無法改變任何事，所以不會做任何努力去躲避電擊。

假使我們反覆經歷失敗，無助的感覺將會深植在我們身上。身邊的人可能會說，我們是因為意志力與毅力不足才會如此。然而，若頻繁經歷失敗，不只是嘴砲們，不論是誰都會陷入無助的泥淖。

＊＊＊

「就算是首爾大學的學生，在二等兵時期，也會手忙腳亂。」

「手忙腳亂」是一個用來形容因不知道該怎麼做而徬徨不定的詞。上面這句話，尤其是尚未熟悉軍隊文化的訓練兵常常會聽到的。雖然不是每個首爾大學的學生意志都很堅強，但是他們在大學入學考試的競爭中，分明已展現了平均以上的毅力。然而，他們如果成為了二等兵，依然會手忙腳亂。媽朋兒梅西也在度過前兩週的新兵保護期間之後，迎來了混亂的「被狩獵時期」。

梅西的一天從折磨開始，以刁難畫上句點。置物櫃都已經打掃好幾次了，仍舊找得到灰塵；軍靴總是以學長們不喜歡的方式放置；像無頭蒼蠅一樣雙手忙了好一陣子，好不容易摺出的棉被四角，還是距離學長們的「喜好」很遙遠。學長們想要的角度，真的存在於這個世上嗎？

在二等兵時期，挨罵是家常便飯。所以就算是意志堅強的人，在那個時期也很容易萎靡。第一次休假的梅西，不知道為什麼顯得畏畏縮縮，彷彿連躲避電擊也放棄的小狗一樣。梅西雖然努力過了，但是在想要給學弟下馬威的學長面前，一切都無用武之地。他現在甚至覺得自己連日常生活中的小事都做不好。

不管是誰，都有可能面臨單憑自己的意志，也難以脫離無助的情況。儘管不是在軍隊裡，但只要經歷過一次無助，它就會在體內細胞的各個角落快速擴散。經歷過無助之後，「我終究什麼都做不到」的想法將支配我們的人生。所以，為了甩掉無助感，就得像伽利略一樣試著做思考實驗。然而，在伽利略的實驗中發現的，不就是慣性嗎？對已經被無助支配的身體來說，這個實驗的結果大部分都會走向失敗。在帶著無助感的情況下，適用無力感的慣性，最終只會加重無助感。

在繼續訴說後來的軍隊生活前，我先介紹一下柯特．李克特（Curt Richter）的田鼠實驗。

一般田鼠掉入水中，可以用游泳的方式平均撐住六十小時。在李克特這個以田鼠為對象進行的落水實驗裡，可以看到以下個體反應——第一次落水時，有些個體游了大約六十小時；相反地，也可以觀察到有些個體在幾分鐘後，便放棄游泳。接著，他先讓田鼠們落入水中被救起，接著再次讓牠們落入水中。這一次，所有的田鼠都為了活下來，努力游泳直到最後。

實驗結果讓我們可以推斷，田鼠們之所以如此反應，是因為落水被救起的經驗，讓牠們產生了「游泳就能活命」的想法。換句話說，正是因為有「自己可以控制未來」的「認知轉換」，才有此行為發生。

就像那些被救助過一次的田鼠，梅西最終也得以成功地為軍隊生活畫下句點。雖然只是大家都得接受的訓練，梅西卻把這件事當成一個認知轉換的契機。不但將順利完成訓練視為日常經驗，更當成是特別的「成功瞬間」，以此重新恢復自信。

賦予「不值一提的小事也是可觀成功」的意義，將渺小意識轉換，可以讓陷入無助泥淖的我們再次發動引擎，重新向前走。

不論是誰都有看起來不錯的計畫

「任何人都有看起來不錯的計畫，直到被打一拳之前。」

這是偉大的拳擊選手麥克．泰森說過的話。

相信嘴砲們也會有一些看起來還不錯的計畫。像最近，就有很多人為了配合線上事業或大數據之類的趨勢，想要學習編碼。人人不分你我都做著成為開發者的夢，不過現實卻是——今天仍舊窩在被窩裡。

「老師，我家的孩子啊，好像還滿聰明的，只是太懶惰，不想努力。只要他願意去實踐，不管做什麼，表現應該都會很好，可是他就是不願意去做。」

我們這些嘴砲今天也給了父母們一個無法實現的希望。父母等待著我們那彷彿會像溫泉水一樣爆發的潛能，等了超過二十年。

實踐能力其實是區分成敗的核心能力。不幸的是，嘴砲們總是缺乏這個核心能力。不過，不要這麼快就感到挫折，因為實踐能力可以透過訓練使其發展。甚至，我們已經知道那個方法——答案就是「持之以恆」。

持之以恆就能做到，這個道理誰不知道？

先冷靜一下，聽聽我們的故事。

我們三人也對時常拖延應做之事的自己感到不滿。為了解決這個問題而苦惱了許久。然後，我們發現了一些可以幫助自己獲得「些許成功」的妙招。所以，我們決定統整各自的妙招，並介紹給各位。

嘴砲們是一群找不到適合的「實踐戰略」的可憐靈魂。越是這種時候，越需要互相團結，才能在這刻薄的世界上生存。

這些妙招或許各位已經在哪裡聽過一次了，不過我們認為，這些妙招肯定會對全體嘴砲們有所助益。

試著想像一下，萬一柏拉圖說了先前蘇格拉底已經說過的話。究竟是聽了柏拉圖的話之後，才得到領悟的可能性較高？還是講完後心想：「哦？之前蘇格拉底不是也曾說過嗎？」的可能性比較高？

有一陣子，我很喜歡看成功人士們的各種成功故事。讀著那些成功歷程，可以讓我感受到彷彿自己成功的刺激感。每當感覺到那股酥麻的刺激感，就會有一種必須努力做些什麼的感覺，真的很不錯。

然而，不知從何時開始，成功的故事也令人感到厭煩了。讀得越多越覺得比起積極的激勵，反而更感受到現實的差距，因此也只有對自己人生的不滿一直增加。因為我發現每一篇故事其實就只有主角換了人，但走向千篇一律，都是「只要努力，就會成功」。

「不是，這種顯而易見的話，我也會說。這跟考上首爾大學的人，主要都是用功讀教科書，有什麼兩樣？」

然而，「可想而知」的話，也是蘊含真理的話。蘇格拉底和柏拉圖說過的那些相似的言論，經過了長久的時間後，最終被證實是正確的。支持他們言論的案例和歷史事件，將其變成了「真理」，現在甚至成為了可想而知的老話。正如經過無數次實驗後，假說變成經過驗證的理論，這些可想而知的話，也被無數件成功案例給證明了，所以需要被點出來。

希望各位下次可以看著「顯而易見」的妙招目錄，來衡量出適合自己的方法。說不定會找到前所未有的方式，或者會發現過去曾經遺忘的方法。或是說不定，它也可能成為一個讓你整理目前已知方法的機會。所以，放心吧！不會因為看過一次就吃虧。

等等！如果各位期待的是可以創造出勤奮實踐能力的「絕對秘訣」，我必須說聲抱歉。所有的嘴砲都帶著不同的想法，生活在相異的環境中。因此，我認為每個人最終都應該要擁有適合自己的「個人武器」。假設有一種有效的「實踐能力增強方法」，在一百人之中九十九人適用。這麼一來，除去那九十九人，剩下的一個人該怎麼辦？沒有人可以保證你不會成為那唯一的一人。

我們接下來要介紹的方法，並不是「試過之後，效果很好」，而是「因為試過」才介紹給大家。我們的答案奠基於和各位相似的苦惱，雖然不是正確解答，卻能在各位尋找專屬自己的正解時，成為不錯的參考資料。

我們是實踐能力值集中在「零」的嘴砲三人組。大家難道不好奇，我們這段時間是如何掙扎的嗎？幫助各位脫離嘴砲狀態的方法究竟有哪些重點，從現在開始一起正式來探個究竟吧！

嘗試脫離嘴砲

騙過大腦

騙過大腦？難道是要唸什麼咒語嗎？明明說要公開提高實踐能力的方法，現在又要說什麼不像話的理論了？

我想首先，各位可能會好奇，實踐能力好不好和騙過大腦有什麼關係。

笛卡爾曾經這麼說過：「**我思故我在。**」

沒錯，人類是思考的動物。而且，那些奇形怪狀的想法不都是在我們的腦中形成的嗎？

所謂的實踐能力就是「想要」做某件事，並且把它付諸「實際行動」的能力。

因此，實踐能力的基礎，就是需要「思考」要做些什麼，又能夠多麼順利地解決那件事。

實際上，在許多書籍中，都提到「思考」對於實踐扮演著重要的角色。「我可以做得很好」、「我可以持之以恆地做下去」等自我暗示是很有幫助的。實際上，負面的自我暗示不管在心理或現實層面，都會引起問題。負面的想法會招來另一個負面的想法，使我們掉入憂鬱的泥淖。相反地，正面且堅定的自我暗示，能給予我們自己站起來並向前走的力量。

＊＊＊

實際上，也有透過堅定想法，獲得成功果實的人。

二〇一六年，在韓國引起「可以做到」熱潮的主角——朴相泳選手——他是曾代表韓國出戰里約奧運的擊劍選手。

13：9

那是冠軍戰第二回合即將結束的時候。對手距離金牌，只剩下兩分。不論誰看了，都會認為朴相泳選手正處於輸掉比賽的不利狀態。但是，他不斷告訴自己：「我做得到！我做得到！」

就這樣，朴相泳選手一分、一分拿下。令人難以置信地，拚搏到14：14同分的狀況，最後甚至拿下了關鍵的一分，將勝利握在了手中。

透過自我暗示，奇蹟似地奪得金牌的朴相泳選手令人印象深刻。這件事讓韓國國民看到了「可以做到」的力量，而我也得到了深刻的感觸，決定試著積極應用自我暗示。

「人類體內最有害的害蟲就是草草了事。」[2]

我根據某位藝人的名言，改變了我的座右銘。然後，把自己的角色設定成「熱情富豪」。偶爾決心動搖的時候，看著鏡中擁有平凡外表的「年輕大叔」，又會再次讓自己想起「只有努力才有活路」這件事。回頭審視自己，我當時經歷了一段冷靜判斷自身條件的過程。

就結果來說，這種不斷逼迫自己的方法都不適合我們三人。騙過大腦的嘗試，或許對自制力優異的人才有效果吧？我們忽略了自制力，跟自我暗示一樣重要。「必須努力」的意志總是敵不過想要閒下來的欲望。也就是說，把「想法」轉變為「行動」失敗了。

這種做法和把一輩子都住在北極的愛斯基摩人塞入汗蒸幕，並告訴他們這樣有益健康，只要自我催眠告訴自己不熱，硬撐下來就行了——有什麼不同呢？結果，愛斯基摩人無法體驗暢通血液循環和排出體內廢物的汗蒸幕效果，直接奪門而出，衝進了冰屋。我們能指責這個愛斯基摩人，說他「沒有耐性」嗎？

我們無法改變懶惰的大腦。但繼續像現在這樣懶散地活著，萬一最後墮入懶散的地獄該怎麼辦？

幸好還有其他方法。

那是個令人意外的單純方法。

2 譯註：韓文的「蟲（충）」和韓文的「草草了事（대충）」發音相近。

例行公事的鐘聲

我們身邊有太多會妨礙專心的事物——手機裡的YouTube、社群平臺，以及這副始終感到疲憊的身體。就算計畫好的事情擺在眼前，我們也僅僅只會冒出「該去做！該去做！」的想法而已。今天我的身體也黏在床上，眼睛再次看向YouTube透過演算法推到我們面前的影片。有種身體與心靈都亂七八糟的感覺——這裡面還藏著一顆莫名害怕開始新事物的心。

沒錯，今天好像不是個好日子。

明天開始一定要去做。

這種經驗應該多少都有過吧？在考試前一天，基於禮貌攤開的書本裡，有比起想像中還有趣的內容！接著，就會發現自己正在展現所謂「準備考試」的面貌。

啊，早知如此，就早一天坐在書桌前了。

遲來的後悔湧上心頭。但是，似乎發現了自己令人意外的一面，所以心情感覺不錯。只要下次考試時，再早一點開始應該就可以了。

就算如此，下次的考試依舊不會事先準備。但是，我們可以在這裡發現「增強實踐能力」的提示。為了實踐，必須給予喜歡待在原地不動的自己一些新的刺激。在考試期間，「先坐在書桌前」成為粉碎我懶惰靜止慣性的力量。

先決定好這種特定行動吧！這樣一來，每當開始進行新的事情時，它就可以當成出發的信號。就像巴夫洛夫的狗一聽到鐘聲就會流口水一樣，我們要設定「專屬鐘聲」——換個說法，就是**「儀式化行為」**。實際上，有許多運動選手擁有專屬自己的儀式化行為。而且，他們利用這個儀式化行為，讓自己維持競爭力，免去太大的情緒起伏。儀式化行為的設定就是讓實踐能力發揮的強大元素。

居家工作時，要從床上離開讓人更加費力，很多人常常連洗臉都沒有，還穿著睡衣就坐在筆電前。在這種情況下，我個人有個方法可以起到效果。就是在開始工作前，先做十個伏地挺身，再去洗個澡。十個伏地挺身根據每個人能力的不同，可能會非常吃力，也有可能十分輕而易舉。然而重要的不是運動量或強度，而是設定專屬自己的儀式化行為。這個儀式化行為結束後，你便能以非常爽快的身體打破靜止慣性，並開始工作。

在某種狀態下，儀式化行為的效力也有不管用的時候。我就曾經雖然坐在了書桌前，但是各種想法接二連三出現，腦袋陷入一片混亂——

「現在坐在這裡做些什麼……？」

「黏在壁紙上的那個是蚊子嗎？不會吧？」

就連鍵盤縫隙間的灰塵也突然變得顯眼，要不要清理一下呢？就算在心中告訴自己現在不是做那種事的時候，努力讓自己專心。但是，就像稍早說過的——我的自制力不夠。

這種時候，為了清空腦中的雜念，我會先把眼前攤開的書本上第一章的內容，輸入筆電的文書處理軟體，算是一種抄寫工作。這麼一來，如同灰塵到處飛散的專注力便會在不知不覺間再次集結在自己身上。這些專注力雖然無法累積成泰山，但還是足以實踐該做的目標。就像這樣，單憑兩種儀式化行為，便能提升我的實踐能力——今天它們也順利讓我的能力值一點一點向上加一了。

如果各位已經有了專屬自己的儀式化行為，那就太好了。對於像我這種意志薄弱型人類，這種儀式化行為非常有幫助。儀式化行為本不是什麼偉大的東西，但就算只是稍微動動手指，這個乍看之下非常細小的動作，為了做出如此細微「一動」，我們的大腦都必須經歷「從腦內運動領域藉由神經元，向手指傳達信號」的偉大過程。不論是什麼，只要擁有一、兩種可以刺激大腦的儀式化行為，便能有效運用來達成目標。

每日目標量減少百分之三十

「始創昌盛，終將渺小。」這句話是不是顛倒了？不，這個順序是對的。

過去的我總是打從一開始就設立過大的目標。準備證照考試時，也樹立了宏偉的計畫——一天二十四小時中，除了吃飯和睡覺以外的十四小時，我打算都要用來讀書。

「一個小時最多大約可以看三頁，十四個小時的話，就是四十二頁……三百頁的書只要一個禮拜就能看完了！距離考試還有兩個禮拜，這週開始讀書是最好的。不過，最晚應該下個禮拜開始就可以了。」

多虧了這個奇蹟的計算方式，我什麼準備都沒做，距離考試卻只剩下一週的時間了。

「如果從現在開始，每天進入十四小時的拚命讀書模式……嗯……還是可以讀完一次。說不定還能多讀一次再去應考，呵！」

什麼十四個小時……因為坐不住，最後勉勉強強只讀了四個小時。我終於慢慢感覺到存在於「奇蹟計算法」中的謬誤。

「沒錯，十四個小時太勉強了，呵呵。不過，一個小時還可以讀四頁，只要十個小時後就能趕上進度了。這麼一來，還會剩下四個小時，先暫時休息一下再繼續專心吧！」

平時不曾匯聚的集中力，絕不可能因為暫時的休息而獲得提升。我是個不習慣實踐的人。不去考慮自身這種狀態，只是機械式地分配學習量，結果不管怎麼看都一樣無效。

考試結束後，走出考場的路上，我冒出了這種想法：「唉，要是再多一個禮拜，我就能合格了。」我的身體真的很不聽話。

人類的欲望沒有盡頭，而且會重複同樣的錯誤。

為了補救不斷被拖延的計畫，結果樹立了更荒唐的計畫——越是如此，我和實踐的距離就越來越遠。太過相信自己的能力，而把目標值設定得太高，便是一切問題的原因。

後來，我首先虛心承認了自己的懶散，再將讀書的目標時間縮短為每天四個小時，這樣就算一拖再拖，最後臨時抱佛腳也能夠做到。每天四、五個小時，這個目標很容易達成。負擔減輕了，也就能早點開始準備考試。不管是幹勁十足的日子，還是連一根手指都不想伸出被窩的日子，我都會想盡辦法補足時間。因此，和上次的考試相比，用在準備考試的時間多了很多。更重要的是，真的可以久違地感受到成就感——那是從持之以恆的實踐中產生的成就感。

在經驗上，**大腦比起挫折感，更喜歡成就感**。

如果各位也像我一樣，因為設定了太遠大的目標而嘗到了失敗的滋味，要不要試試看縮小目標呢？

利用習慣與生理節律

我們已經知道幫助實踐的儀式化行為有多麼不可或缺，也了解維持實踐時所需的成就感是何等重要。不論是儀式化行為或成就感，都是我們應該有意識地賦予自己的東西。

另一方面，在我們的大腦裡也有著無意識的領域。若你的意識領域已經能夠充分地利用先前提到的方法攻克，接下來就讓我們試著運用無意識領域來強化實踐能力吧！

知己知彼，百戰百勝。首先，我們需要了解大腦。冗長又令人厭煩的腦科學理論，就算我想要談也談論不了，所以各位可以安心。

在此，我只會介紹一個關鍵字——**神經可塑性**（Neuroplasticity）。

控制人類身體的神經系統最小單位是「神經元」。而我們的大腦，是匯集了無數神經元，由名為「突觸」的交叉點連結而成的。所謂的「神經可塑性」，簡單來說，就是藉由刺激讓「神經元」改變、成形，並讓「突觸」出現變化。亦即，接受無數次刺激，讓大腦的構造不斷發生改變。此時，如果相同的刺激不斷反覆，對此產生反應的「神經元」和「突觸」便會強化，而得以更迅速地做出反應。

第一次學習某種運動或動作時，很少有人能夠一次熟練。如果沒有擁有厲害的運動神經，就會需要經歷反覆練習該動作的過程。因為神經可塑性，突觸網路會在大腦運動領域強化，並「學習」新的動作。

我個人也有利用神經可塑性達到成就的經驗。國小的時候，朋友之間流行著跳繩的一跳二迴旋招式。雖然我一直想要當「焦點」，但是這次沒有那麼容易。因為當時的興趣是暴飲暴食，所以我有著與眾不同的體格，對於運動神經也不怎麼樣的我來說，一跳二迴旋很是勉強——要在瞬間把動能轉換成位能，讓繩子經過腳底兩次，實在是太吃力了。隨著學會一跳二迴旋的朋友一個一個增加，我經常成為大家的笑柄。心生傲氣的我幾乎在兩個禮拜的時間裡，每天堅持跳繩一小時。在這段期間，我的小腿和後腦杓被鞭打了數百……不，是數千次，所以總是處於麻痺的狀態。終於，我成功學會一跳二迴旋，也找回「焦點」的地位。

各位一定也有透過反覆做一件事，從而使之變得不費吹灰之力的經驗，跟一開始比起來，反覆執行過的動作能更精確、更快地完成。

實踐也是如此。**越是反覆實踐，就會形成更多的實踐突觸**。有越多的實踐突觸，它就能在無意識領域中幫助我們。透過反覆執行，我們的行動將被重建，並成為習慣。如此形成的習慣，便可以成為達成目標的核心鑰匙。

僅靠「習慣」這個安全裝置，是否仍讓人感到不安？確實有可能會如此。我也因為那股不安感，而再使用了「生理節律」當成雙重安全裝置。為了持續不斷地實踐而利用生理節律——光這樣說應該讓人很難理解。

各位喜歡吃宵夜嗎？如果喜歡吃宵夜，應該也很清楚，一旦迷上宵夜，成為外送應用程式的VIP只是一轉眼的事。我也是每天三餐照常吃，但只要一過晚上十點，便會感到一陣空虛，於是開始翻找外送應用程式上的菜單。稀奇的是，就算是相同的食物，在宵夜時段吃，感覺竟然更加美味。

實在忍耐不了而用外送食物填飽肚子，再帶著飽足感入睡的生活如此不斷反覆，不知不覺間，我的身體只要十點一到，就會開始告訴我：「宵夜時間到了。」——會像這樣每天都想要吃蒜醬菜包肉，原因肯定不是真的肚子餓了。

據說我們的身體節奏會以一定的週期反覆——我們可以有效地利用這種節奏。好幾年間，我總是堅持在類似的時段運動。結果，每當我沒有在那個時間運動，便會感到莫名的不安。現在那股不安，已經成為幫助我持續運動的原動力。

如果難以持續實踐計畫，要不要試試持續在相同的時間，重複同樣的動作呢？這樣反覆累積下來，就算是不想做的日子，我們的身體也會自然地做出行動。

當你奔向目標時，習慣和生物節律這組雙重安全裝置，將會安全地阻止你偏離軌道。

打造領跑人

「領跑人」是在馬拉松等田徑運動中維持一定速度，幫助選手得以跑完全程的存在。領跑人擁有規律維持某件事的屬性。我們可以利用領跑人的這種屬性，提高自己的實踐能力。

在實踐上，可以把領跑人視為「幫助我們維持實踐能力的外部事物」。俗話說「跟著朋友去江南」[3]，一個人會不斷拖延的事情，如果跟誰一起做的話，不論如何都會更願意去做。

我們在成長過程中，也都認識領跑人的重要性。有子女的家庭在選擇居住地點時，學區總是相當重要的因素——該說是現代版的孟母三遷嗎？許多家長為了進入更好的學區，到處搬家也不嫌累。在優良學區裡，被華麗的入學考試成績證明了的入學考試技巧、有體系的教育系統，以及明星講師的知名課程正在等著我們。

然而，同樣重要的是，能夠一起經歷地獄般課後行程的同齡朋友。會想要在「教育特區」落地生根而拚命尋找不動產物件，其實也是為了讓子女身邊聚集更優秀的領跑人。

休閒活動也是，比起自己一個人，加入同好會等團體，可以讓人持續得更長久——因為能和志趣相投的人互相交流並激起意志。在備考考生聚集的網路論壇中，經常會出現招募一起學習或互相確認早上起床成員的文章。透過這種社會關係，可以讓我們朝達成目標更進一步。

等一下，只有跟著朋友去江南的人嗎？

應該也是有人跟著朋友，一起掛在了漢江的欄杆上吧！[4]

「人類領跑人」也是有極限的。

---

3 編註：韓國俗諺，形容「人云亦云、隨波逐流」。

4 譯註：此處喻指：難道只有會一起達成目標的人嗎？應該也會有人一起荒廢吧？

這是發生在多年前的事——為了過上健康的生活，我計畫改變生活方式，其中一項便是嘗試吃素。剛好身邊有個比我早一點開始吃素的朋友，我從他身上得到了很多幫助。朋友甚至說出「我的人生再也沒有肉食」這種豪言壯語，我因為可以跟他一起吃素而感到高興。不過，酒正是問題的根源。只要喝了酒，那個朋友就會不斷耍賴，說自己很想吃漢堡。然後，在那個我們都喝到非常醉的日子，一如既往地發著酒瘋、吵著要吃漢堡的他，終於咬下了一口華堡。

「肉超好吃的！」

這次換我成為領跑人，想要好好地攔住朋友。但是，朋友已經跨過無法回頭的那條河了。這麼好吃的東西，怎麼可能忍得住？聽到朋友的自言自語，我也莫名其妙地突然感到喪氣。轉眼間，我們已經面對面坐在烤盤前，烤著五花肉了。

就像這樣，當領跑人是人類，那個人的狀態和言行，會對我們的步伐造成很大的影響，甚至也存在領跑人發生危險故障的機率。如果領跑人成為危險要素，反而可能會妨礙我們。

我認為無生物也可以取代人類成為領跑人，而且我也相信比起人類，無生物反而可以更優秀地扮演領跑人的角色。

可以把無生物當成領跑人是什麼意思呢？

進入圖書館閱覽室時聞到的氣味、坐在其他書桌前認真讀書的人身上散發出的熱氣，以及翻書的聲音……這些可以提高我讀書欲望的條件，都聚集在圖書館。於是，圖書館這個空間成為了我的領跑人。

高中時期，和我一起度過三年入學考試競賽的靠枕也是——在我讀書的時候，這傢伙用全身支撐著我的體重，並且為了幫助維持我脊椎的 S 曲線而努力工作。

「連你也這麼認真地扮演著自己的角色……。」

就算是獨自在家讀書的日子，也多虧有這個朋友，讓我能夠更順利完成目標中的學習分量。和其他任何靠枕比起來，跟它在一起時，我好像更能專心，連價值四分的數學難題也更容易解開。

這個傢伙就算我上了大學，每到考試期間，依舊扮演著我的讀書夥伴。

另外還有其他案例。喝了酒之後，在夾娃娃機抓到的娃娃成為我的私人監考老師——每當我抬起頭，就會和老師對上眼，這讓我可以更順利地完成目標學習時間和學習分量。那位老師把鞭子和蘿蔔調配得非常恰當，並且幫助我可以持之以恆地繼續讀書。

空間或事物就像這樣，以總是相同的狀態成為我的領跑人。因此，我得以為了達成目標，充分發揮力量。

各位要不要也試著邀請藏在家中某個角落的熊玩偶甚至桌子，來擔任專屬自己的讀書夥伴呢？

精神力量依賴著體力

我的體力很差！

說不定各位無法持之以恆實踐的原因，就是體力不足。

各位是不是在想：「又是體力？不要再提到這種可想而知的陳腔濫調了！」

現在讓我們倒轉時間，回到希丁克教練擔任韓國國家足球代表隊教練的那個時期吧！

二〇〇二年，正在準備世界盃。當時媒體對韓國國家代表隊的報導評價都偏向「精神狀態很好，技術能力卻不足，所以無法踢贏強隊」。但希丁克教練卻在就任後，提出了與媒體相反的意見。他說：「韓國足球選手的技巧很優秀，體力卻差強人意，因此精神力量也在水準之下。」

儘管媒體有技術憂慮，韓國代表隊依舊努力進行高強度的體力訓練，直到世界盃決賽前夕。熱身賽的結果慘不忍睹。

5：0

希丁克因此被人們稱為「五比零教練」，甚至遭人嘲弄。然而，我們都知道，這位荷蘭爺爺讓韓國代表隊踢進世界盃四強戰，打造了令人無法置信的結果。然後，我才明白，想要踢贏比賽，不是得忍住下半場三十分鐘過後出現的肌肉痙攣，而是需要擁有可以撐過上下半場總共九十分鐘，甚至再加上延長賽的體力。

我們稱之為**鬥魂**的，只是不足的體力而已。

＊＊＊

其他的朋友們從高一開始，就會翹掉夜間自習，每天到網咖報到。那個時候，我還是留在教室裡讀書。實際上，我確實維持著非常好的成績。在過了三分之一的競賽中，我當然認為自己遙遙領先，而且好像只要這樣繼續保持就可以了。但是，問題出在體力。

不是有人說過，在十幾歲的時候，連石頭也能咬碎嗎？當時我飲食習慣不規律，跟運動也漸行漸遠，只是盡可能長時間地坐在書桌前，嘗試了所謂的「屁股讀書法」。

隨著時間過去，這項戰術的弱點越來越明顯——疲勞和慢性疼痛開始折磨我，最終使我的耐力達到了極限。雖然曾用紅蔘和各種營養品補血，仍舊無法提高我那已經低到谷底的體力。原本個位數的排名，逐漸向後被推到二位數、三位數。

我的屁股讀書法為大學入學考試畫下了失敗的句點。不過，我還是得到了一個教訓——**以後不管做什麼，體力都是必要的充分條件。**為了不再犯下相同的錯誤，我成人後便開始運動。大概是多虧我從那時開始堅持運動，培養好基本體力吧？至少後來不會再因為體力耗盡，而無法做自己想做的事。

各位養成足以朝著目標衝刺的體力了嗎？

如同下半場傷停時間的力氣，是源於堅持不斷的力量訓練，我們的後勁也取決於平時的體力管理。

為一件事狂熱吧！

在史丹佛大學的畢業演說上，史蒂夫．賈伯斯要畢業生找一份自己喜歡的工作。賈伯斯因為做了喜愛的工作，就算被自己一手創立的蘋果解雇，他還是在經歷皮克斯和 NeXT 軟體公司後，又得以再次回到蘋果。除了賈伯斯之外，還有其他成功人士也異口同聲地強調一件事，那就是——**如果想要持續實踐，就得做自己喜歡的事。**

已經有喜歡的事了嗎？那麼，各位將可以更順利地達成持續實踐的目標。「狂熱」曾經一度被貶低為形容迷戀上某事的用詞，但是後來逐漸有以專業水準探究特定領域的正面意義。**「狂熱」**是不用任何人指使，也能熱情去做的事。

＊＊＊

伊涅斯塔從學生時期開始，便喜歡上日本的動畫。不，應該是超越喜歡的水準，根本整個人沉迷於此了。有些朋友看到他這一面，還嘲笑他是個宅男。不過，伊涅斯塔沒有停止他的狂熱，多虧了持續不斷的狂熱，就算不刻意學習，他也能說一口流利的日語，後來甚至到了不用依賴字幕，也能看懂動畫的水準。

目前，伊涅斯塔正運用自己的日語能力，在貿易公司負責應對日本客戶。

仔細看看我們身邊，正對某件事情展現狂熱的朋友比想像中還多。其中有幾人把喜歡的事情結合賺錢餬口的手段，成功實現興趣結合工作的境界——喜歡收集鞋子的朋友，經營了一間銷售限定版鞋子與衣服的選貨店；喜歡化妝品的朋友在化妝品公司負責研究新產品。

他們的共通點都是「在工作上獲得的滿足感非常高」。做著自己喜歡的事，還能賺錢，這該有多幸福啊？

不想做的事情很難讓人投入其中，連短短的五分鐘感覺都像是一個小時，而且也不太能夠專心，所以效率當然會大大降低。相反地，我們總是可以輕易地投入在喜歡的事物上。做著自己喜歡的事情時，我們不是都曾突然驚呼：「哎呀？時間怎麼過得這麼快？」以為只過了十分鐘，實際上卻已經過了一個小時。

而且，如果是做自己喜歡的事，就算沒有任何人指使，你也會自動自發去做。因此，效率也會自動跟著提高。

沉迷於喜歡的事情吧！在投入的過程中，我們可以感受到幸福。還有，也可以看到自己發展進步的面貌。

先暫時將「這對我的工作有什麼幫助？」之類的懷疑收起來吧！沒有人可以預測未來。藉由沉迷一件事情而開發出的能力，很可能成為邁向新職業的墊腳石也說不定。

為了投入的稱讚筆記

「喂！你聽不到嗎？」

「咦？我不知道你在叫我，怎麼了？」

各位應該有過因專心於一件事情，連周遭的聲音都聽不見，甚至有人出聲叫喚也不知道的經驗。沒有意識到周圍而陷入某件事，並且自然而然地深陷其中，這就是「投入」。我們可以投入真的很有趣的影片；閱讀許久沒有拿出來看的漫畫書、聽音樂、玩遊戲的時候，也可以十分投入。

假使在做目標工作時可以感受到投入感，會怎麼樣呢？應該會發現自己一點都不覺得那份工作有多累，轉眼間卻慢慢接近目標的樣貌。

不幸的是，我們該做的事情，大部分時候都不是我們喜歡的事。所以，很不容易投入並堅持下去。前面我們已經試過降低目標值，也曾借助習慣的力量來加強執行了。接下來，我們該怎麼辦才好呢？

是時候該運用**「稱讚」**了——據說，「稱讚」的力量甚至能讓鯨魚跳舞。

藉由正向報酬，可以強化特定的行動。

「哦！身材好像變得更好了！」

無意間從有好感的異性口中聽到的一句話，讓我不禁洋洋得意。那天，我對著健身房的鏡子照了又照，彷彿自己是已經盡情成長的側腹三角肌。就這樣，我比平時更加認真「投入」運動。

要不要從現在開始也一起試試調節飲食？

「哎呀，只不過是多做了那點小事，人生又會有什麼改變？還是按照老樣子去做吧！」

朋友們對著我設定的目標潑了冷水。真是的！我就說他們幫不上忙。意志不堅的我，終究還是認同了朋友的話，心想：「沒錯。就算這麼做，也只是增加壓力，又會有什麼不同呢？」**沒有熱情的目標，就像風中殘燭一樣，很快就會熄滅。我們需要一堵可以保護心中蠟燭，不讓它熄滅的防風牆。**

可以成為保護膜的防風牆，就是「稱讚」。

你問我稱讚與自我暗示有什麼不同？這兩者有些許差異——施加咒語，告訴自己可以做到，是在實踐之前使用的方法；但是，稱讚是在實踐之後，才能派得上用場的。和只是唸了咒語，就坐在原地的人比起來，做了某件事再稱讚自己的人，難道不會再多做一件什麼事嗎？

然而，要對自己說一些稱讚的話，光是想像就莫名覺得肉麻。如果已經習慣稱讚自己「今天也表現得很好」，那只要這麼做就可以了。但老實說，我的臉皮太薄了，所以做不到。

這裡有個不錯的方法——實踐計畫之後，試著寫下稱讚自己的話吧！首先，準備一本可以寫下稱讚紀錄的小筆記本。寫到一半就不曾再翻開的日記本也好，記事本也不錯。一開始可能會有點尷尬，但是一篇文章會帶來另一篇文章。

我們應該已經在就學時，有過寫週記的經歷。甚至有些人還曾有過在開學前一天，創造出一天之內把整個暑假週記全部寫完的奇蹟。不用非得寫下長篇大論，因為這不是要拿給誰檢查的。

如果藉由這一堵堅固的防風牆，就能守住我們的目標，這不是完全穩賺不賠的買賣嗎？

一天比一天多的稱讚紀錄，不但可以讓我們的熱情保持不熄滅，還能燃燒得更長久。

好好補強、修繕，打造一堵堅固的擋風牆，守護我們和我們的目標吧！

為了另一次鬥爭而逃避

戰或逃反應（Fight-or-flight response）是在生命受威脅的緊急狀況下，自動出現的生理覺醒反應。依據碰到危機狀況時衍生出的想法，我們的反應將有所不同。認為「值得一試」的判斷將衍生為鬥爭本能，讓我們能夠面對眼前的狀況；相反地，如果產生「好像無法承受」的想法，逃避本能就會優先啟動。如果我們跟隨了逃避本能，想法就會延續成逃避反應，努力想要避免狀況發生。

試著想像當突然發生爭吵，或是需要在聽眾面前發表的時候吧。不會覺得口乾舌燥，心臟跳個不停嗎？這全都是因為戰或逃反應產生的身體覺醒而出現的現象。

我們常常利用名為想像力的特權，對未來可能會發生的事，或者絕對不可能發生的事情進行模擬。樹立目標後，我們的大腦就會開始鋪陳未來的科幻小說。然後，在這個過程中，模擬、經歷無數次戰或逃反應。

在設定好寫書的目標後，我們作者三人也經歷了這個過程。一開始覺得心臟怦咚怦咚跳。「要成為作家了……！如果成為了暢銷書作家，該怎麼辦？之後會不會因此聲名大噪，還要上節目？我的皮膚糟糕透了，是不是該從現在開始去皮膚科報到啊？」

直到去年為止，我都還無法想像自己會出書。但是，這份悸動不斷刺激著我們的想像力。然後，引起了比逃避反應更強烈的鬥爭反應。因此，我才能用藍寶堅尼般的推動力開始寫書。

不過，任何人都可以出書嗎？就像大部分的人一樣，對我來說，也只有看書的經驗，而沒有寫過書。更坦白地說，書本於我還扮演了優秀的泡麵隔熱墊角色。真的要開始寫文章時，要考慮的事情不是一、兩件。本來以為只要大概決定好素材，文章很快就可以寫好。但是，在開始把主題具體化並決定目錄時，卻漸漸感受到巨大的壓力。想要放棄的想法不只出現一、兩次。讀著用這種方法擠出的文章，常常讓我羞愧到想要把螢幕砸爛。

寫書難道是為了享受什麼榮華富貴嗎？在寫書這種辛苦的鬥爭面前，我們無法前進，也無法逃跑，只能停留在原地虛度時間。就在我們的熱情逐漸消退的某一天，我從朋友們說的話裡得到了勇氣。他們說，就算無法出版，也可以透過社群平臺跟世界分享我們的文章。

也對，沒有必要非得把出書當成目標。就算不透過書本，也還有其他方法可以向人們展現我們的文章。Facebook 或 Instagram 比起書本，反而更可能成為向更多人曝光的機會。那時，我領悟了——**逃避不是失敗，而是能讓我們得以重新鬥爭的機會。**

朋友們說的話是對的，這也不是人生中唯一可以寫書的機會。我開始覺得可以改變方式，實在不行的話，用其他主題重新寫作也行得通。這麼一想，反而產生了重新寫書的熱情。

不管是什麼樣的目標，都很難一次達成。不需要擔心，就算再怎麼鬥爭依然不成功，我們一直都還有逃避這個選項。

就這樣，我們又得以重新進行鬥爭了。

合理地互相幫助吧！

有時候，單憑一個人的力量，實在無法改變狀況。這種時候，有一個方法，就是**獲得身邊人們的幫助**。

「可以幫助我嗎？」

但是，已經來到喉頭的這句話，始終說不出口。不想向別人示弱乞求，也不想造成他人的負擔，這彷彿會將我的心赤裸裸地攤開在他人眼前一般——結果還是放棄了。

隨著年齡增長，我們得到的只有微不足道的自尊和固執。人生中如果能有一個真正的朋友，就是一段成功的人生了——這句話今天格外觸動我心。我把通訊軟體的朋友名單一直往下拉，雖然有許多名字，卻找不到那「一個」。實際上，可以讓我吐露一切，並如實說出自己內心話的對話窗，只有「和我的聊天」。

如同我們無法輕易向他人請求幫助，別人也是一樣。就算是為了需要幫助的時候而準備，我們也必須懂得伸出手。

這裡有需要稍微注意的事項。

「正向思考，一切都會順利的。」

這種盲目的樂觀主義反而會成為毒藥。毫無對策就樂觀面對的現實，自然會更顯冷血；毫無想法就給予對方的應援，也可能會讓人陷入更大的絕望。

如果身處於無法控制的現實，就必須能夠如實接受眼前的狀況。就算是彷彿一切已經成定論的絕望、看似不管再怎麼費心也無用的狀況，其中肯定也有可以改變的部分。

雖然外表並不是全部，不過長得帥還是比較好。在作者三人組裡，沒有一個人長得像徐康俊或南柱赫的。因為好玩而開始的外貌批評賽，總是沒有贏家。雖然有點傷心，但是我們都互相領悟了現實。然後，比起自責，我們選擇了常常出入健身房，成為了彼此的健身教練。如何？我們就像這樣，逐漸成為了在可控範圍內給自己一點改變而努力的**合理樂觀主義者**。

真正的幫助，是會讓我們可以擁有這種合理樂觀的。不要盲目地對陷入絕望的人說「一切都會順利」。更重要的是，幫助他們找到現在可以改變的是什麼。這對向前邁出一步，才會有幫助。

合理地互相幫忙，是為了我們和對方。

Level 5

大作戰之後

我真的……做對了嗎？

雖然沒有完全的勝利，
但是只要不放棄人生，也不會失敗——
我們沒有輸！

逃脫失敗！最強的嘴砲原來是我

儘管為了逃離嘴砲身分，動員了各種方法，甚至，似乎也看見了一些效果。但是，隨著時間過去，我又再次回到以前的我。

又被這種書給騙了！

本以為會就此過上熱情滿溢的新生活，不過藥效看來已經過去了。說不定打從一開始，我就是無法更生的嘴砲大魔王。

在此，我有一件事情想坦白——

很抱歉，其實想要從嘴砲的身分脫身，是不可能的。

儘管如此，這並不代表目前為止嘗試過的作戰，都是白費工夫。所以，如果各位想要進行憤怒的惡意留言恐攻，暫且先等等。在轉向無盡的絕望迴路之前，讓我們再想一想。

將逃脫嘴砲大作戰當成起點，我們的人生大致可分為三個部分——

- 在嘗試作戰前，曾經是嘴砲的時期。
- 施行作戰的同時，逃脫嘴砲的時期。
- 藥效已經用盡，回歸嘴砲狀態的這個瞬間。

每個瞬間，我們都體驗了人生的變化。

這些大大小小的變化，都發生在「我」存在的地方，而不是發生在其他次元、其他世界的事情。

因為我們不是孫悟空，沒有辦法練習從「時間與精神之屋」等專用空間逃脫的作戰。

無論是執行作戰的時候，或是藥效已盡的現在，我們身邊的世界總是一樣——最近突然覺得沉重的被子，有與昨天相同大小的重力在發生作用；在重覆的文章差不多要出現時停下進度的編碼書，不論今天、明天都會在書櫃右邊由下往上數來的第三格等著我們。不管再怎麼掙扎，我們也無法逃出這個世界。

在執行作戰的過程中，我們分明曾親身感覺過生活的意志和實踐能力的變化。然而，時間自然而然地流逝之後，世界仍是一樣的模樣。結果作戰的主要舞台是我們的內心？如果不是脫離肉體，我們的內心也沒有可以逃脫的出路。

高喊著「脫離嘴砲」實施的作戰，到底是為了什麼？

閱讀武俠小說時，總會看到正派與魔教登場，進行對決。正派為了和平的世界努力；而魔教則想要破壞秩序，讓整個世界陷入混亂。

我們的內心和這樣的武林有著一脈相通之處。若將我們的內心比喻成武林，嘴砲就是如同魔教的存在。窺伺著機會的嘴砲，不知不覺破壞了我們的心，使其染上黑暗——難道是因為在我們心中，比起正派，魔教的勢力更強大，所以我們的實踐能力才總是老樣子嗎？

我們還有希望。我們不是因為天生有什麼不足，才會成為「嘴砲」。任何人都有可能受心裡的嘴砲支配——這句話的意思，用完全相反的角度去思考，就是——任何人也都有可能控制「嘴砲」。

嘴砲與其說是透過努力，就能完全「逃離」的東西，更像是需要持續「牽制」的「心靈的一部分」。

就像小說裡所描寫的，正派勢力終將會再一次地崛起，努力讓這個世界再度變得和平、健全。我們的嘴砲作戰就像是正派將魔教從中原驅趕至邊疆，而發動的一場場救世之戰。

雖然想到要與心中的嘴砲連續不斷對決，便讓人湧起一股疲勞感。但是，不管是我們拖延該做的事而產生的鬱悶感；或者在作戰時體會到的解放感，都能依據自己下了多少決心而進行調整。

所以，我們必須持續執行賦予正派力量的作戰。

想要擊退魔教，該制定何種作戰呢？

魔教也是心中的一部分，所以不可能完全將其驅逐。在我們有生之年，心中的正派與魔教之戰或許會一直持續下去。從每天早上的上班開始，截止時間迫在眉睫的業務、去健身房、不久前買好的自我開發書籍、明知道明天工作會很辛苦，卻依然越拖越晚的就寢時間……。

睜開眼睛的每個瞬間，魔教便虎視眈眈地尋找機會，想要支配我們的心，而我們總是需要準備好足以對抗的作戰。

不論是選擇用什麼方式，請在所有作戰的基礎上，將「不會輸」的意志當成基本選項吧！

雖然沒有完全的勝利，但是只要不放棄人生，我們也不會失敗。

就像儘管世界落入魔教之手，正派依舊會一次又一次為了逆轉的機會而做準備，我們也可以在延續生活的同時，繼續構思新的作戰並持續嘗試。這其中，肯定有一、兩個作戰是可以看到效果的。這麼一來，我們又可以過上一段充滿實踐能力的日常生活。

在反覆與嘴砲小型戰鬥、無數次輸贏的人生中，我們能夠想到的作戰種類是無限的。

因此，只要繼續熱愛自己的生活和工作，就算「瞬間」的戰鬥不知道會如何發展，但是我們肯定會在「人生」的戰爭中取得勝利。

以個人光譜代替資歷

第一次接觸三稜鏡是在國中自然科的時候。

看起來只有一種顏色的光碰到三稜鏡後，便散開成了彩虹光。每當看到這個光譜，我就會再次明白這個世界是由多采多元的色彩組成的。

我們心中都有各自的三稜鏡。而且，我們都是用自己的三稜鏡在看世界的。在出生、成長的過程中，我們會用自己的方式研磨自己的三稜鏡，所以每個人擁有的三稜鏡都各不相同。

就像這樣，大家看著這個世界的方式也都不同。

不過，嘴砲們之間的三稜鏡，模樣難道都是一樣的嗎？總覺得無論如何，從嘴砲身上看到的光譜都沒有太大的不同——是黯淡的單色。

享受豐富色彩生活的時光，彷彿已經成為往事。說不定我們已經變成色盲了？我們會不會就這樣再也看不到彩虹光譜了？

不知從何時開始，我們似乎不再看著世界上的色彩，而是單純地看著明暗過活……因為我們從小就是這樣學習的。

我小學的國語課上，曾經這麼討論過。

孩子們要分成白種人和黑種人兩組，各自闡述自己的主張。因為沒有「黃種人」這個選項，我還記得當時自己略感慌張——長大成人後，聽說這是「教育」的一環，孩子們不得不選擇其中一方的立場進行辯護，這著實令我訝異。

雖說是一場沒有正確解答的討論課，但是在課程差不多快接近結束時，就已經完全可以看出老師偏好的是哪一邊。那一方的孩子們因為做了跟老師一樣的選擇而自豪，彷彿自己比其他人更成熟一些的感覺；另外，屬於相反陣營的孩子們，卻嘗到了莫名的失敗滋味。在此之間，「為什麼沒有黃種人？」這個疑問就這樣子消失無蹤了。

那之後，我們人生也有無數瞬間，不得不面對只有兩種選擇的「是非題」——而且那些問題，總是早就有社會已經決定好的正確答案了。答對就是優秀的；萬一答錯，就是差勁的。於是，在我們的三稜鏡前，便這樣覆蓋上了社會為我們打造的黑白濾鏡。

在無比複雜的世界上，二分法被當成有效區分萬物的道具——

成功與失敗。
贊成與反對。
男人與女人。
合格與不合格。
進步與保守。

透過黑白濾鏡看到的世界被一分為二。而且，隨著時間過去，「失敗」會像灰塵一樣堆積在這個濾鏡上。經歷了許多失敗後，世界就變得黯淡無光，甚至失去了向前走的勇氣。於是，我們就這樣成為了嘴砲。

黑白濾鏡就算清理了，還是黑白濾鏡。我們不該擦拭濾鏡，而是應該脫去濾鏡，讓這個世界的光線可以再次完全照入三稜鏡。為了效率而不得不戴上的黑白濾鏡，讓我們逐漸忘記自己「正在寫各自的人生小說」這個事實。就算學生時期不是大人們喜歡的模範生、考砸了大學入學考試、就業失敗，在那裡面也有著專屬於我們的故事。

接下來，就讓我們用專屬自己的方法、樣貌，專注在研磨三稜鏡的工作上吧！在別人眼中看起來帥不帥氣並不重要，只要隨心所欲、持續觸碰。我們在與心中的嘴砲作戰時，應該去嘗試各式各樣的作戰。

可以肯定的是，我們過往的注意力比起各自的三稜鏡形狀，更加專注在黑白濾鏡上。我們太過專注於黑白濾鏡了——比起各自專屬的「光譜」，我們更想藉由黑白濾鏡得到不會累積失敗的「高級資歷」。

若能領悟到黑白濾鏡其實毫無意義並放棄它，我們就能再次享受這世上多樣的色彩。

究竟是先用單色看世界，或是先成為嘴砲，我們無從得知。但即使面對乍看之下黑白的畫面，也該要仔細觀察自己內心的光譜。

因為說不定在我們心中，就有著一些線索，可以幫助我們重新找回所失去的實踐能力。

成為待業者並不可怕的理由

感謝您應徵本次的徵才。
依據審核結果，在此通知您，本公司暫時無法與您合作。
對於這個結果，本公司深感遺憾。
真心期盼在未來能有良好的合作機會。
祝福您能擁有幸福美滿的未來。

「深感遺憾？感謝個頭！」
抱著姑且一試的心情等待著錄取通知，但果然這次又落榜了。
看似費盡心思想要安慰人、冗長的不合格通知，讓我顯得更加淒涼。接二連三的落榜已經讓我對這件事感到疲憊至極。如果在第一階段書審時就落榜，可能還不會感到那麼可惜，因為心裡會把這個職缺當成爬不上去的樹木。但如果在最終面試被刷下來，那感覺真是冤枉死了！有一種我好像只是去扮演陪襯角色的感覺。最初還會抱著「我要大喝特喝！」的想法，想一邊喝酒一邊忘卻傷心事，但這也只有第一次才能奏效，現在根本沒辦法。

朋友們請我喝的安慰酒，對現在的我來說實在太苦澀了。

「啊，明天真的好不想要去上班！但是我明天必須早點上班……喝一點就好，抱歉！」

雖然明明說好要喝到最後，卻在續第二攤前放棄的都是朋友，那場酒局的輸家好像是我。

不是說，人類是適應的動物嗎？隨著日子過去，那些曾讓我非常辛苦的落榜通知，現在也成為了日常。現在的我已經可以像在刪除垃圾簡訊一樣，若無其事地刪掉落榜通知簡訊。

就這樣，我成為待業者已經過了一年。

「不打算重新找工作嗎？所以什麼時候要結婚？」

「某某某這次考上了公務員，你怎麼不也去考考看？」

「最近的孩子真的很沒耐性。在我那個年代，除了要做這個，還得做那個。」

非常感謝那些比我還要更擔心我未來和就業狀況的親戚。因為那份赤誠而感到手足無措的我，漸漸開始找尋各種藉口，一個人度過各大節日。以前逢年過節，從親戚家回來後，總是會胖個兩、三公斤——那時我才知道，煎餅和年糕是卡路里非常高的食物。

我該怎麼餬口呢？

早知道不要辭職，在那家公司努力待著就好了——偶爾我也會冒出這種想法。自信滿滿地辭職，卻迎來「無法」順利重新找到工作的慘況，彷彿人生的主導權被一把搶走。本來還以為「N抛世代」[1]是另一個世界的故事，其實卻是我的寫照。

我也曾經這麼焦慮不安，過著懦夫的生活。

還能怎麼餬口？當然是吃米飯餬口啊，小子！

這是給無謂擔憂的答案。

食物是吃過的人才懂吃；黏土也是把玩過的人，才會知道該怎麼捏造。

學生時代的我們，為了做出和他人相似的作品——就像別人也做過的那樣——用多益、語言研習、學分、證照等資歷打造自己。其實，跟著別人創造出的作品，不太令我滿意。但即便如此，要把已經完成的作品打掉重做，也很讓人害怕。

光要捏出這個就得花費這麼長的時間，如果要重頭來過，又要等到什麼時候才能完成？

大概是小時候讀了太多偉人傳記，十幾歲的時候，我以為自己可以做到足以改變世界的大事。然而，沒過多久，我便領悟到自己可以做大事的可能性其實不高。

「喂，你以後想要做什麼？」

1 譯註：指因為大環境不佳，不得不放棄戀愛、結婚、生小孩等人生計畫的世代。

「你的夢想是什麼？」

剛滿二十歲的夢想家們，都會把夢想混在酒裡喝下。那對自身的考察與徬徨，是為了尋找自己的本質而做的掙扎嗎？還是那些對未來的茫然不安感，只是被名為「夢想」的單詞遮蓋才無法看清？

彷彿自己會永遠停留在十幾歲，但一轉眼卻已經是三十幾歲了。我的夢想是什麼呢？雖然想要想起來，不過這並不是眼前立刻該解決的重要問題。

為什麼？如果決定追夢，存摺肯定會在一瞬間變得空空如也。

三十歲分明還算是年輕，卻已經害怕變化。雖想要隨心嘗試新的事物，但是眼前所面臨的現實重量早已不再輕盈。然而，我不想到了四十歲回顧過去時，對自己感到羞愧。

現在的我可不是在轉眼間隨意被創造出來的。儘管是短暫的人生，我也經歷了激烈的陸戰、海戰和空戰。無數次挑戰與失敗所得到的經驗，不知不覺累積在我的心中。如同高麗時代陶藝工們所說的：「**如果覺得不滿意，要懂得將其摧毀**，就算那是融入靈魂創作的作品也一樣。這可能成為打造更美作品的途徑。」

雖然持續說得頭頭是道，不過我仍舊是個嘴砲。

就算腦中想出了數十種計畫，但是可以實踐到最後的卻寥寥無幾。這本書也是為了鞭策我這個以不幸為藉口，什麼都不做的嘴砲而寫。現在該打起精神，努力生活了。

不過，這是怎麼回事？令人難以置信地，有一家出版社正面評價了我們這群嘴砲的故事，並且表示想要與我們簽約。直到現在，我還是覺得這是一場夢。

這輩子我都跟寫作保持著遙遠的距離，長大後寫過的文章，也只有幾封情書而已。連祖宗八代都沒想到，這樣的我居然也能出書。說不定這對某些人來說，是稀鬆平常的事件，然而對我來說，卻是足以轉換內心認知的大事。而且，我心中的自信高到不知天高地厚。

連書都出過了，還有什麼是我做不到的？仔細想想，任何事情都是只要去做，都會成功嘛！

如果說我完全不擔心未來，這當然是騙人的。我也會害怕不確定的未來。但就算是這樣，也不能茫然地墜入「船到橋頭自然直」這種不合理的樂天主義裡。只是，我不想要隨著時間流逝，在遙遠的未來後悔地回想起，那些因為猶豫而被現在的我錯過的事情。

正如同集合過去的我，造就了現在的我；未來的我是由現在的我打造的——說不定現在的我是擁有各種可能的幹細胞。**人生的不確定性，每個瞬間都存在。這種不確定性其實是人生的機會**。從現在開始，我不會再錯過這些機會了。

我想要擺脫迎合他人視線的滑稽形象。擁抱可以做任何事的潛力，拚命地過每一天吧！這樣的話，機會將再次來敲門。

我是待業者。然而，我不再只是嘴上抱怨了。

即便需要很長一段時間才能完成一件事也沒關係。

我相信我自己。

所以我不害怕。

這根本是他的故事嘛！

有位朋友已經畢業好幾年了，卻還沒有就業。因為擔心朋友，我只要有時間就會打開求職應用程式——Job Korea 看看。

如果發現還不錯的職缺，我會和朋友分享；看到已公告的公開徵才日程，也會截圖傳給朋友。但是，朋友本人卻無憂無慮的。

這個職缺的上班地點不合他的意、另一個職缺的工作時間太長了；即使是條件都不錯的，他也只是推託說自己還沒準備好。

雖然想要多少給予朋友一些幫助，但是我的話對他來說，似乎只是碎碎念。

想要改變某人，說不定打從一開始就是不可能的。

仔細回想起來，**認為可以改變某人的想法，本身就是一種傲慢**——就連我也不喜歡聽到父母碎碎念，因而時常把房門關上，甚至還上鎖。

沒錯，如果我光用言語就能左右人心，復仇者聯盟應該會來挖角我吧？

突然，我想起了小時候聽過〈太陽與北風〉的故事。正如強風無法脫去遊子的上衣，就算嘮叨了一百天，也無法讓朋友動搖——我們需要溫暖的陽光。

所有的故事中都擁有力量。

小時候在看了《哈利波特》之後，大家都爭相拿著樹枝，嘴裡喊著：「疾疾，護法現身！」而欣賞過愛情電影的那天，好像立刻就能遇見命定的對象，世上的一切事物都看起來很美麗。捐款幫助不幸鄰居的時候也是如此，接觸到生活困苦者的故事後，會發現自己在不知不覺中，從口袋中拿出了皮夾。

實際上，在許多說服技巧中，都有強調**「故事情節」**。這代表在改變人的心意上，故事扮演著重要的角色。

「你可以把馬匹帶去水邊，但是無法強迫牠喝水。」

我常常把自己讀過且有深深共鳴的書籍，送給那些我珍惜的朋友。可能有些人最後只是把那本書拿來墊泡麵也說不定，但是，我偏向相信讀書可以改變人生。

這本書就是如此。

與各位一樣平凡，現在將近三十多歲，卻無所事事的三名男子的故事。

不知道你在讀這本書的同時，腦海中有沒有突然浮現，想要給予幫助的人？我們和他們都一樣，就算每天告訴我們做這個、做那個，十之八九也絕對不會改變。與其碎碎念，不如試著把我們的故事當成禮物吧！

誰知道呢？我們這些嘴砲的故事，說不定會改變某人的人生。

至此我們已介紹了一些不專業的實踐能力密技，希望讀了這本秘笈之後，有很多讀者可以產生共鳴，並覺得有趣。

肯定會有讀者心想：「到底是多成功的人士，才會想到要出這種書？」

是的，沒錯。讀到這一步的人，現在應該都知道了——**我們尚未完成任何事情。**

我們也常常每天都過得很辛苦，腦子裡塞滿了苦惱。

我們沒有什麼了不起。但是，我們自認比任何人都還要理解嘴砲們的心，就算無法走在前面帶領眾人，也可以在各位身邊一起奔跑。

或許有一天，我們會需要一種帥氣又厲害的方法。

確實也有些人，適合浩大的秘訣。

我們介紹的方法，是極其平凡的人使用的方法。所以，應該也會有許多令你感到熟悉的部分。

即便如此，只要這本書可以讓各位再次想起埋藏在腦海中，那個模糊不清的方法，我們就感到很滿足了。

如果讀完這本書之後，各位找到了其他喜歡的方法，或是找回了專屬的三稜鏡，甚至得到專屬自己的尋找實踐方法的靈感，那就再令人高興不過了。

不管是用什麼方法，或是走哪一條路，只要各位可以藉由這本書，朝成就再更靠進一步，光是如此就足以讓我們感到幸福。

結語

現在要開始的各位的故事

我們想要留下各自想說的話。

阿漢

在江原道太白市太白山地區，有個叫做儉龍沼的地方。這個地方是漢江水流開始之處，所以也被稱為韓國的母親河。

主流延伸五百公里，平均寬度超過一公里的漢江發源地會是什麼樣子呢？會不會是具有韓國民族的長江之姿，連發源地也像瀑布一樣，展現大量岩層水嘩啦啦傾瀉而下的壯闊景緻呢？

不，如果實際看過儉龍沼，你會發現它是條安靜又小的河川，甚至讓人懷疑它是否真的是漢江。漢江的起源便是如此。跟著經過漫長歲月形成的水流走，可以看到許多石頭被侵蝕的痕跡。早在人類登場之前，它就經歷著忍受痛苦的時間及無數的風波，最終成為了今日那條壯觀的漢江。

我們的人生也是如此。一開始就過得奇巧、華麗的人並不多。大家的開始雖然都很貧乏，但是在不斷地努力和發展後，就會變得像韓半島必備的漢江一樣，成為巨大雄偉的人才。

去過儉龍沼的人都會說一句話：「在那個小小的發源地，可以感受到雄偉而強大的神靈氣息。」

我們也一樣會在特定的領域中，擁有各自的潛力。如果一直把潛力放著不管，那份力量將永遠只會是潛力。我們必須把潛力拿出來，適用在現實生活中，而為了這個目的，便需要多方面的努力。就算只有百萬分之一，也希望這本書可以幫助到各位在人生中所做的努力。

寫作的過程很痛苦。作者們分別住在不同的地區，各自忙於自己的生活，還得硬擠出時間碰面，一字一字把文章寫好。這對我們三個人來說都是第一次挑戰的領域，不但不知道正確的方向，也無法加快速度。真的有一種從無到有創造出這本書的感覺。

這就像是讓我們在沙漠的正中央，用兩人三腳跑到終點線。由於用粗略的方式奔跑，身體和心靈都感到疲憊，常常會陷入苦惱。曾經光是寫下一句話，就花了一個小時；也曾經為了完成一頁、一個單元，用了一整天交換意見。雖然曾經因為說話聲大而傷心爭吵過，但是我們不曾鬧僵。因為我們擁有明確的共同目標，那樣的意見衝突，反而扮演了正向的導火線。

在不斷追究什麼是對、什麼是錯的時候，我們領悟到了一點——**想要寫一本符合所有人胃口的書，終究是不可能的**。所以，我們決定要照著我們自己的方式去寫。結論就是，我們想要表達的也有可能成為正解。這同樣適用於大家做的任何事情——不要斤斤計較，也不要看別人的臉色，更不要去追究，只要用簡單、堅定的心向前進就好。

這本書會成為《牧民心書》[1]還是《亂中日記》[2]，抑或是變成泡麵的隔熱墊，沒有人會知道。

會從讀者們的身上得到什麼樣的評價？又可以賣出多少本？未來的事情也沒有人會知道。

會變成這樣，還是會變成那樣，又有什麼重要的呢？撇開成功或失敗，我想要完成自己想做的事。雖然本來是為了別人而寫的，但從某個瞬間開始，它就變成為我自己寫的了。在寫的時候，我自身也得到了大幅的成長。並且也在新的領域，看到了新的希望。

我想收回前面說過的那些痛苦的話。

曾經努力過的這個事實，本身就很令人幸福。

阿穆

啊！寫完了！

身為「大韓民國嘴砲代表」的我居然出書了！當然，這不是因為我身上發生了什麼巨大的變化。連現在這篇結語也都還被期限所逼。

三個嘴砲聚在一起，同心協力在空白紙上寫作，最後還是可以做到一些什麼——這讓我重新認識到朋友和同事的存在有多重要。

雖然已經和朋友們一起度過二十年以上的時間，但是這次的工作，讓我們對彼此有了新的認識，以各種角度來說，都是件有趣的事。我也再次感受到曾經一起穿著黃色的兵工廠制服，在球場上奔馳的我們，如今卻站在相異球場的感覺。還有，在相同時期的不同想法；以及不同的日常中，相同的煩惱。

雖然有多樣的素材，但是最後挑選「實踐」作為主題，也許是因為這是我們三人都最苦惱，同時也有最多話想要說的主題。在傳閱各自寫好的草稿時，可以在

1 譯註：朝鮮實學思想家丁若鏞撰寫，內容為其針對行政制度改革的思想。
2 譯註：朝鮮王朝將領李舜臣從一五九二年一月一日～一五九八年十一月十七日期間的日記，記載了壬辰倭亂期間的事情。

字裡行間看見朋友們所擁有的苦惱；還有，重新閱讀討論、修改後完成的原稿——這一切對我來說都是安慰與治癒的時間。希望閱讀這本書的讀者也可以想像這個過程，同時感受到樂趣並產生共鳴。

這些是任何人都會想到並訴說的故事。我們從全韓國數以萬計的酒桌上，收集到這些宛若雜音般散落在各處的故事，就像是製作威士忌的工匠那樣。聚集在一起的想法隨著歲月的流逝逐漸成熟，每一次打開，都會帶給我們新的滋味。

阿昌

二〇二一年一月，據說韓國綜合股價指數超過了三千一百五十點，創下了歷史新高。然後，看著「首爾近郊的公寓買賣價格也超過二千五百萬元」的報導，身處貧富差距底層區間的自己感到莫名苦澀。想要就業，連機會的洞口也變得太過狹窄。「因就業不易而選擇延畢或進入研究所深造的學生逐年增加」的報導，也讓我看了非常心酸。

走近一步卻又離我們更遠的目標，肯定會讓許多人陷入挫折感。我也是個還沒有找到工作的待業者，對自己的未來有很多擔憂。看著身邊出色的友人，更感受到相對的剝奪感與羨慕。不過，這樣一來的結果，就是挫折與憂鬱。還有，這段時間讀過的多本心靈雞湯，雖然看似可以安慰我的心，然而在我用心靈雞湯安慰自己的期間，與身邊那些認真努力的人們之間的差距卻也變得更大了。

面對擔憂的父母，我依舊茫然地回答自己正在努力，並且提出添加了各種裝飾的計畫。但是，為什麼一想到要實踐，就這麼困難呢？

假使可以過上滿足於現實、安分知足的生活，那就真的再好不過了。然而，我是那種光看到親戚買了一塊地，都會覺得忌妒的人。怪罪他人，或許可以讓自己的內心暫時得到平靜，但是卻無法改變什麼。

光是嘴上說說，全球七十八億人口都是專家。但是，可以脫離嘴砲狀態，直接實踐的人比想像中還要少。在大家都是嘴上說說時，自己卻親腳跨出步伐奔跑，改變了比想像中還要更多的事——看到自己積極改變的樣子，我擺脫了挫折與憂鬱，自信感也大大增加。結果讓我提高自身幹勁的驅動力，有很大部分是來自對成就感的領悟，並也因而寫出了這本書。

在實踐上，下定決心非常重要。但是，我們這些嘴砲因為意志不堅且缺乏鍛鍊，連持久力也很弱。所以，不足的意志力需要藉由習慣來培養。

祝福各位從今天開始的嘴砲逃脫之旅可以成功，並且得以順利延續！

國家圖書館出版品預行編目(CIP)資料

被逼到躺平的我，難道從此就這樣了嗎?：不盲目樂觀、不放大絕望，韓國N拋世代青年與你一同拆解無力感，找到度過一天的力量 / 朴庭漢，李相穆，李洙昌著 ; 莊曼淳譯. -- 二版. -- 新北市 : 方舟文化，遠足文化事業股份有限公司，2023.10

面 ; 公分. -- (心靈方舟 ; 4036)

譯自 : 왜 아가리로만 할까?

ISBN 978-626-7291-56-6(平裝)

1.CST: 自我實現 2.CST: 人生哲學

177.2 112014175

心靈方舟 4036

被逼到躺平的我，難道從此就這樣了嗎？

不盲目樂觀、不放大絕望，韓國N拋世代青年與你一同拆解無力感，找到度過一天的力量
（初版書名：我已經夠努力了，你還要我怎麼樣？）
왜 아가리로만 할까？

作　者　朴庭漢 박정한、李相穆 이상목、李洙昌 이수창
譯　者　莊曼淳
封面設計　張天薪
內文設計　莊恒蘭
主　編　林雋昀
行銷主任　許文薰
總 編 輯　林淑雯

出 版 者　方舟文化／遠足文化事業股份有限公司
發　行　遠足文化事業股份有限公司（讀書共和國出版集團）
231新北市新店區民權路108-2號9樓
電話：（02）2218-1417
傳真：（02）8667-1851
劃撥帳號：19504465　戶名：遠足文化事業股份有限公司
客服專線：0800-221-029　E-MAIL：service@bookrep.com.tw
網　站　www.bookrep.com.tw
印　製　通南彩印股份有限公司　電話：（02）2221-3532
法律顧問　華洋法律事務所　蘇文生律師
定　價　360元
初版一刷　2022年3月
二版一刷　2023年10月
ISBN 978-626-7291-56-6　書號0AHT4036

方舟文化官方網站　方舟文化讀者回函